Peter Dörsam

Wirtschaftsstatistik

anschaulich dargestellt

6. überarbeitete Auflage

- ausführliche Darstellung der wichtigsten Zusammenhänge
- zahlreiche typische Klausuraufgaben mit detaillierten Lösungsvorschlägen
- 9 Seiten Schemablätter

PD-Verlag Heidenau

Bibliografische Information Der Deutschen Bibliothek

Die Deutsche Bibliothek verzeichnet diese Publikation in der Deutschen Nationalbibliografie; detaillierte bibliografische Daten sind im Internet über http://dnb.ddb.de abrufbar.

1. Auflage Juni 1995 (ISBN 3-930737-20-5)
2. überarbeitete Auflage April 1997 (ISBN 3-930737-22-1)
3. überarbeitete und erweiterte Auflage Juni 1999 (ISBN 3-930737-23-X)
4. überarbeitete Auflage Februar 2002 (ISBN 3-930737-24-8)
5. überarbeitete Auflage Januar 2004 (ISBN 3-930737-25-6)
6. überarbeitete Auflage Januar 2007, 16. - 20. Tausend

Tel. 04182/401037, FAX: 04182/401038
http://www.pd-verlag.de, e-mail: mail@pd-verlag.de

ISBN 978-3-86707-206-9

Vorwort

Während in der zweiten Auflage lediglich einige Fehler beseitigt wurden, wurde in der dritten Auflage ein Abschnitt zur beschreibenden Zeitreihenanalyse hinzugefügt. Außerdem wurden einige Abschnitte überarbeitet. Bei der vierten Auflage wurden einige kleinere Überarbeitungen vorgenommen. In der fünften Auflage wurden insbesondere zahlreiche Grafiken verbessert und der Text wurde auf die neue Rechtschreibung umgestellt. In der vorliegenden sechsten Auflage wurden lediglich einige kleinere Überarbeitungen vorgenommen.

Auf Beweise wurde bei dieser Darstellung, außer wenn es sich um sehr leicht nachvollziehbare handelt, verzichtet. Dennoch wird versucht, Zusammenhänge deutlich zu machen.

Die angeführten Aufgaben sollten keinesfalls so begriffen werden, dass man sich einfach nur die Lösungen anschaut. Ein wirklich nachhaltiger Lerneffekt wird sich nur einstellen, wenn man zuerst versucht, die Aufgaben selbst zu lösen. Erst wenn man an einer Stelle längere Zeit nicht weiterkommt, sollte man sich die Lösungsvorschläge anschauen. Diese sind meistens sehr ausführlich, so ausführlich brauchen die Aufgaben in der Regel in den Klausuren nicht gelöst zu werden – und es sind natürlich nur Lösungsvorschläge.

In den Schemablättern wurde versucht, die wichtigsten Zusammenhänge und Formeln übersichtlich darzustellen.

Trotz aller Sorgfalt können sich Fehler eingeschlichen haben; für Hinweise auf Fehler bin ich jederzeit dankbar.

Vielen Dank an dieser Stelle an Renate Dörsam für die Durchsicht. Für Hinweise auf Fehler bedanke ich mich bei Gunnar Oldehaver, Wladimir Paripski und Martin Steinke.

Peter Dörsam

Inhaltsverzeichnis

1 Indizes

1.1 Messzahlen

Angenommen der Preis für eine Packung Chips habe 2002 2,- EUR und 2004 3,- EUR betragen. Die **Preismesszahl** für diese Periode ergibt sich nun als der Quotient dieser beiden Größen:

$$\frac{P_{2004}}{P_{2002}} = \frac{3}{2} = 1{,}5$$

Diese Preismesszahl gibt an, wie stark sich die betrachteten Preise in der betrachteten Periode verändert haben. In dem gewählten Beispiel sind die Preise für Chips also auf das 1,5 fache des Preises von 2002 gestiegen.

Werden statt der Preise Mengen verglichen, so erhält man entsprechend die **Mengenmesszahl**:

$$\frac{Q_{2004}}{Q_{2002}} = \text{Mengenmesszahl}$$

Auch für den Arbeitseinsatz kann eine Messzahl gebildet werden:

$$\text{Messzahl des Arbeitseinsatzes} = \frac{a_{2004}}{a_{2002}} \qquad a = \text{Arbeitseinsatz}$$

Diese Messzahl gibt die Veränderungen des Arbeitseinsatzes an.

Die Anfangsperiode der Betrachtung nennt man auch **Basisperiode** (hier 2002) und die Betrachtungsperiode **Berichtsperiode** (hier 2004).

Eine Messzahl kann man natürlich auch als Prozentzahl angeben. Hierzu muss der Wert einfach mit 100 multipliziert werden (denn das %-Zeichen bedeutet ja, dass wieder durch 100 geteilt werden muss). Die betrachtete Preismesszahl beträgt also 150%.

Die prozentuale Veränderung in dem betrachteten Zeitraum ergibt sich, indem man von diesem Wert 100% abzieht. In dem Beispiel sind die Preise also um 50% gestiegen. Diese Änderung bezeichnet man auch als **Veränderungsrate.**

Natürlich können Messzahlen auch noch für andere als die zuvor beschriebenen Größen angegeben werden.

1.2 Grundlagen der Indexbildung

Messzahlen reichen in der Regel für die Beschreibung von Entwicklungen nicht aus. Anhand des zuvor gewählten Beispiels lässt sich die Problematik schon gut erkennen. Dort wurden die Preise von Chips für das Jahr 2002 mit den Preisen für Chips für 2004 verglichen. Derartige Preise existieren aber in der Realität gar nicht, denn je nachdem, welche Chips man in welchem Laden kauft, können die Preise sehr unterschiedlich sein. Die Preismesszahl ist lediglich für die Preisentwicklung für eine bestimmte Sorte von Chips in einem bestimmten Laden eine befriedigende Größe. Wenn man allgemein die Entwicklung der Chips-Preise beschreiben will, muss man einen **Index** für die Chips-Preise definieren, hierbei müssen die Preisentwicklungen für die verschiedenen Sorten in den verschiedenen Läden einfließen.

Der bekannteste Index dürfte wohl der Index der Lebenshaltungskosten sein. Ausgehend von einem bestimmten **Basisjahr,** gibt dieser Index die Preisveränderung zum **Berichtsjahr** an. Wenn der Index der Lebenshaltungskosten beispielsweise 135% beträgt, so liegen die Lebenshaltungskosten von heute 35% über denen des Basisjahres.

Bei den Lebenshaltungskosten fließen die Preise für sehr viele verschiedene Güter mit ein, schon von daher wird deutlich, dass zu der Beschreibung der Entwicklung der Lebenshaltungskosten keine Messzahl ausreicht, sondern ein Index gebildet werden muss. Nachfolgend sei die Indexbildung an einem einfachen Beispiel mit 3 verschiedenen Gütern erläutert:

Angenommen, ein Konsument lebt nur von Brot, Butter und Bier. Nachfolgend sind die Preise (P) und die von ihm konsumierten Mengen (Q) der Güter für 1980 und 1994 angegeben:

	P 1980	Q 1980	P 1994	Q 1994
Brot	2,-	39	3,50	39
Butter	5,-	10	4,-	10
Bier	6,-	20	5,-	20

Die Mengen, die der Musterkonsument konsumiert, sind also über die 14 Jahre konstant geblieben. Um nun einen Index der Lebenshaltungskosten zu ermitteln, müssen die gesamten Ausgaben des Konsumenten für 1994 addiert und durch die gesamten Kosten von 1980 (dem Basisjahr des Indexes) dividiert werden. Es ergibt sich also:

$$\frac{3{,}5*39+4*10+5*20}{2*39+5*10+6*20}=\frac{276{,}5}{248}=1{,}115$$

In Prozenten ausgedrückt, beträgt der Preisindex der Lebenshaltungskosten also 1994 111,5%. Von 1980 bis 1994 sind die Lebenshaltungskosten demnach um 11,5% gestiegen.

In dem Beispiel waren die Mengen konstant geblieben. Diese Annahme wurde gemacht, um zunächst ein wichtiges Problem bei der Berechnung von Indizes zu umgehen. Denn nur bei konstanten Mengen handelt es sich bei dem zuvor berechneten Index tatsächlich um einen Preisindex. Wenn sich nun zusätzlich die Mengen ändern, so spiegelt der Index (wie er zuvor berechnet wurde) nicht nur die Preisänderungen, sondern auch die Mengenänderungen wider. Bei dem Index handelt es sich gerade um einen Umsatzindex, der nur für den Spezialfall konstanter Mengen mit dem Preisindex identisch ist.

Im Allgemeinen ändern sich natürlich im Verlaufe der Zeit auch die verbrauchten Mengen. Nachfolgend wurde das Beispiel entsprechend modifiziert:

	P 1980	Q 1980	P 1994	Q 1994
Brot	2,-	39	3,50	24
Butter	5,-	10	4,-	12
Bier	6,-	20	5,-	40

Um einen Preisindex zu berechnen, müssen die Mengen konstant gehalten werden, denn ansonsten würden auch die Mengenänderungen in den Index mit einfließen. Nun gibt es für die Mengen aber zwei verschiedene Wahlmöglichkeiten: Die Preise können mit den Mengen des Berichtsjahres oder denen des Basisjahres gewichtet werden. Hierbei ergibt sich in der Regel ein wesentlicher Unterschied. Nachfolgend werden die beiden Möglichkeiten für das angeführte Beispiel durchgerechnet:

Gewichtung nach Basisjahr:

$$\frac{3{,}5*39+4*10+5*20}{2*39+5*10+6*20}=\frac{276{,}5}{248}=1{,}115$$

Gewichtung nach Berichtsjahr:

$$\frac{3{,}5*24+4*12+5*40}{2*24+5*12+6*40}=\frac{332}{348}=0{,}954$$

Der Unterschied wird in diesem Beispiel sehr deutlich. Nimmt man eine Gewichtung nach dem Basisjahr vor, so sind die Preise um 11,5% gestiegen, während sie bei einer Gewichtung nach dem Betrachtungsjahr um 4,6% gefallen sind. Dieses starke Auseinanderdriften der beiden Alternativen liegt daran, dass sich in dem Beispiel der Konsum des deutlich im Preis gestiegenen Produktes (Brot) stark zugunsten der im Preis gefallenen Produkte (Butter und Bier) verschoben hat.

Die beiden verschiedenen Indizes haben eigene Namen:

Laspeyres-Index = Gewichtung nach Basisperiode
Paasche-Index = Gewichtung nach Berichtsperiode

Bei dem Laspeyres-Preisindex werden also die Mengen aus der Basisperiode gewählt, während sie bei dem Paasche-Preisindex aus der Berichtsperiode stammen. Formal ergibt sich somit:

$$\text{Laspeyres-Preisindex } L_{01}^{P}=\frac{\sum p_{1i}\,q_{0i}}{\sum p_{0i}\,q_{0i}}$$

Das L steht dafür, dass es sich um einen Laspeyres-Index handelt, und das hochgestellte P drückt aus, dass es sich um einen Preisindex handelt (entsprechend steht ein hochgestelltes Q für einen Mengenindex und ein hochgestelltes U für einen Umsatzindex). Die untenstehenden Zahlen geben das Basisjahr und das Berichtsjahr an. Die Summe bedeutet, dass für alle Güter jeweils das Produkt aus p und q addiert werden muss. Der Index i läuft hierbei von 1 bis n, wobei n die Anzahl der Güter angibt. Deutlich sichtbar ist, dass bei dem Laspeyres-Preisindex mit den Mengen der Basisperiode (q_{0i}) gewichtet wird.

Für den **Paasche-Preisindex** ergibt sich:

$$\text{Paasche-Preisindex } P^{P}_{01} = \frac{\sum p_{1i}\, q_{1i}}{\sum p_{0i}\, q_{1i}}$$

Im Gegenatz zum Laspeyres-Index stammen hier die Mengen aus dem Berichtsjahr.

Bei den beiden Indizes ergaben sich sehr unterschiedliche Werte. Nach dem Laspeyres-Index sind die Preise um 11,5% gestiegen, während sie nach dem Paasche-Index um 4,6% gefallen sind. Welcher der beiden ist nun der richtige? Diese Frage kann man nicht so einfach beantworten. Es bietet sich an, eine Mischung aus beiden zu bilden. Der Index, der sich als geometrisches Mittel dieser beiden Indizes ergibt, hat in der Tat (zumindest theoretisch) einige Bedeutung. Diesen Index nennt man **Fisher-Index.** Beim geometrischen Mittel wird die Wurzel aus dem Produkt der Werte gezogen. Für den Fisher-Index ergibt sich also:

$$F^{P}_{01} = \sqrt{L^{P}_{01} * P^{P}_{01}}$$

Somit liefert der Fisher-Index folgenden Wert:

$$F^{P}_{80\,94} = \sqrt{1{,}115 * 0{,}95} = 1{,}029$$

Der Fisher-Index besitzt weiterhin besondere Eigenschaften, die in dem Kapitel zu den Proben behandelt werden.

1.3 Verschiedene Indizes

Zuvor waren lediglich Preisindizes betrachtet worden. Man kann allerdings auch für andere Größen Indizes betrachten. Nachfolgend werden außer den **Preisindizes** auch **Mengen-** und **Umsatzindizes** angeführt.

1.3.1 Preisindizes

Für die Preisindizes waren zuvor folgende Zusammenhänge ermittelt worden:

Laspeyres-Preisindex $L^P_{01} = \frac{\sum p_{1i}\, q_{0i}}{\sum p_{0i}\, q_{0i}}$

Paasche-Preisindex $P^P_{01} = \frac{\sum p_{1i}\, q_{1i}}{\sum p_{0i}\, q_{1i}}$

Fisher-Preisindex: $F^P_{01} = \sqrt{L^P_{01} * P^P_{01}}$

Typischerweise ist der Laspeyres-Preisindex größer als der Paasche-Preisindex. Dieses liegt an dem folgendem Zusammenhang: Wenn bestimmte Güter teurer werden, so wird im Normalfall der Konsum dieser Güter abnehmen, werden Güter hingegen billiger, so wird der Konsum dieser Güter steigen. Der Laspeyres-Preisindex gewichtet nach der Basisperiode, daher findet der zuvor beschriebene Substitutionseffekt bei ihm keine Berücksichtigung, und der Effekt der Preisänderungen wird überschätzt. Bei dem Paasche-Preisindex wird hingegen mit den neuen Mengen gewichtet, daher wird die eintretende Substitution hier berücksichtigt.

In dem zuvor beschriebenen Fall sind die Preis- und Mengenmesszahl negativ korreliert: Wenn der Preis steigt, fällt die Menge und andersherum. Es ist aber auch der andere Fall denkbar, dass also die Messzahlen positiv korreliert sind, in diesem Fall liefert der Paasche-Preisindex den größeren Wert. Es gilt folgender Zusammenhang:

$L^P_{01} > P^P_{01} \Leftrightarrow$ Der gewogene Korrelationskoeffizient von Preis- und Mengenmesszahl ist negativ.

$L^P_{01} < P^P_{01} \Leftrightarrow$ Der gewogene Korrelationskoeffizient von Preis- und Mengenmesszahl ist positiv.

1.3.2 Mengenindizes

Wenn man statt Preis- nun Mengenindizes betrachtet, so müssen beim Laspeyres-Index die Mengen mit den Preisen des Basisjahres und beim Paasche-Index mit den Preisen des Betrachtungsjahres gewichtet werden. Für das Beispiel gilt:

$$\text{Laspeyres-Mengenindex } L^{Q}_{80\,94} = \frac{\sum p_{80i}\, q_{94i}}{\sum p_{80i}\, q_{80i}}$$

$$\text{Paasche-Mengenindex } P^{Q}_{80\,94} = \frac{\sum p_{94i}\, q_{94i}}{\sum p_{94i}\, q_{80i}}$$

Die Mengenindizes ergeben sich also einfach, indem in den Formeln für die Preisindizes p und q überall vertauscht werden.

Für das zuvor bereits betrachtete Beispiel (Tabelle auf S. 9) werden nachfolgend die Werte ausgerechnet:

$$L^{Q}_{80\,94} = \frac{\sum p_{80i}\, q_{94i}}{\sum p_{80i}\, q_{80i}} = \frac{2*24+5*12+6*40}{2*39+5*10+6*20} = \frac{348}{248} = 1{,}403$$

$$P^{Q}_{80\,94} = \frac{\sum p_{94i}\, q_{94i}}{\sum p_{94i}\, q_{80i}} = \frac{3{,}5*24+4*12+5*40}{3{,}5*39+4*10+5*20} = \frac{332}{276{,}5} = 1{,}201$$

Auch hier ergibt sich ein deutlicher Unterschied zwischen den beiden Indizes.

Für den Fisher-Mengenindex gilt:

$$F^{Q}_{01} = \sqrt{L^{Q}_{01} * P^{Q}_{01}}$$

1.3.3 Umsatzindizes

Bei **Umsatzindizes** treten die zuvor geschilderten Probleme der Gewichtung nicht auf, denn der Umsatz (statt von Umsatz wird auch von Erlös, Wert oder Ausgaben gesprochen) ergibt sich gerade als Produkt aus Preis und Menge. Bei einem Umsatzindex steht immer der Umsatz der Berichtsperiode im Zähler und im Nenner der Umsatz der Basisperiode:

$$\text{Umsatzindex } U_{80\,94} = \frac{\sum p_{94i}\, q_{94i}}{\sum p_{80i}\, q_{80i}} = \frac{\text{Umsatz } 94}{\text{Umsatz } 80}$$

Da es für Umsatzindizes keine verschiedenen Möglichkeiten für die Gewichtung gibt, entfällt hier logischerweise die Unterscheidung in Laspeyers-, Paasche- und andere Indizes.

Da bei Umsatzindizes im Zähler nur Daten aus der Berichtsperiode und im Nenner nur Daten aus der Basisperiode stehen, haben sie eine große Ähnlichkeit mit Messzahlen. Insbesondere gelten bei ihnen, wie bei Messzahlen auch, die Zeitumkehr- und Rundprobe (siehe Abschnitt 2.2 und 2.4).

Für das zuvor bereits betrachtete Beispiel (Tabelle auf S. 9) ergibt sich der Umsatzindex:

$$\text{Umsatzindex } U_{80\,94} = \frac{3{,}5*24+4*12+5*40}{2*39+5*10+6*20} = 1{,}339$$

Eigentlich hätte man den Umsatzindex hier gar nicht ausrechnen müssen, denn es lässt sich zeigen, dass zwischen diesem Index und den zuvor bereits berechneten Indizes der folgende Zusammenhang besteht:

$$U_{80\,94} = P^{P}_{80\,94} * L^{Q}_{80\,94} = L^{P}_{80\,94} * P^{Q}_{80\,94} = F^{P}_{80\,94} * F^{Q}_{80\,94}$$

Diesen Zusammenhang kann man relativ leicht aufzeigen, indem man sich die entsprechenden Summen für die einzelnen Indizes hinschreibt. Man hätte aus den zuvor ermittelten Indizes den Umsatzindex nun z. B. folgendermaßen berechnen können:

$$U_{80\,94} = P^{P}_{80\,94} * L^{Q}_{80\,94} = 0{,}954 * 1{,}403 = 1{,}338$$

Der Unterschied in der dritten Nachkommastelle ist eine Rundungsungenauigkeit.

1.4 Indizes als gewichtete Messzahlen

Alternativ zu der zuvor gewählten Darstellung von Indizes können diese auch als gewichteter Durchschnitt von Messzahlen begriffen werden. Auf diese Weise hat Laspyeres seinen Preisindex eingeführt, und auch wenn die Darstellung auf diese Weise etwas komplizierter anmutet, so liefert sie doch einiges an Verständnis für die Indextheorie.

Es sei zunächst noch einmal das Beispiel aus dem vorherigem Abschnitt angeführt:

	P 1980	Q 1980	P 1994	Q 1994
Brot	2,-	39	3,50	24
Butter	5,-	10	4,-	12
Bier	6,-	20	5,-	40

Aus dieser Tabelle lassen sich leicht die Preismesszahlen für die einzelnen Produkte berechnen:

	$\frac{P_{1994}}{P_{1980}}$	P 1980	Q 1980	P 1994	Q 1994
Brot	1,75	2,-	39	3,50	24
Butter	0,8	5,-	10	4,-	12
Bier	0,833	6,-	20	5,-	40

Für die Indexbildung müssen diese Preismesszahlen nun gewichtet werden. Damit die **Gewichtung** Sinn macht, sollten natürlich die "wichtigeren Preise" auch stärker in den Index eingehen. Woran erkennt man aber die "Wichtigkeit" des jeweiligen Gutes? Eine sinnvolle Möglichkeit ist hier auf jeden Fall der Umsatz. Ist der Umsatz eines Gutes hoch, so soll die entsprechende Messzahl auch stark in den Index eingehen.

Laspeyres hat vorgeschlagen, die Preismesszahlen mit den Umsätzen der Basisperioden zu gewichten. Nachfolgend wird dies durchgeführt (die Preismesszahlen wurden jeweils fett dargestellt):

$$\frac{\mathbf{1{,}75} * 2 * 39 + \mathbf{0{,}8} * 5 * 10 + \mathbf{0{,}833} * 6 * 20}{2 * 39 + 5 * 10 + 6 * 20} = 1{,}115$$

Der Laspeyres-Index für dieses Beispiel war schon zuvor berechnet worden. Ein Vergleich zeigt, dass sich bei dieser Berechnung dasselbe Ergebnis ergibt. Warum sich bei der Gewichtung der Preismesszahlen mit den Umsätzen der Basisperiode das gleiche Ergebnis ergeben muss, lässt sich leicht zeigen:

$$L^{P}_{80\,94} = \frac{\sum \frac{p_{94i}}{p_{80i}} p_{80i} q_{80i}}{\sum p_{80i} q_{80i}} = \frac{\sum \frac{p_{94i}}{\cancel{p_{80i}}} \cancel{p_{80i}} q_{80i}}{\sum p_{80i} q_{80i}} = \frac{\sum p_{94i} q_{80i}}{\sum p_{80i} q_{80i}}$$

Da sich die Preise der Anfangsperiode herauskürzen, sind die Ausdrücke identisch. Da Laspeyres den Index ursprünglich als die Gewichtung von Preismesszahlen eingeführt hatte, wird die rechte Form der Darstellung auch als die **gekürzte Formel** bezeichnet. Im Normalfall wird man die gekürzte Formel zur Berechnung der Indizes benutzen. Wenn allerdings in einer Aufgabe bereits die Preismesszahlen gegeben sind, so bietet sich die **ungekürzte Formel** an. Wenn lediglich die Preismesszahlen und die Umsätze der einzelnen Produkte in der Basisperiode gegeben sind, muss die ungekürzte Formel benutzt werden, denn dann fehlen für die gekürzte Formel die Werte.

Auch der Paasche-Index kann auf eine "ungekürzte" Weise geschrieben werden:

$$P^{P}_{80\,94} = \frac{\sum p_{94i} q_{94i}}{\sum p_{80i} q_{94i}} = \frac{\sum p_{94i} q_{94i}}{\sum \frac{p_{80i}}{p_{94i}} p_{94i} q_{94i}} = \frac{\sum p_{94i} q_{94i}}{\sum \frac{1}{\frac{p_{94i}}{p_{80i}}} p_{94i} q_{94i}}$$

Diese Darstellung mutet um einiges komplizierter an. Durch die "ungekürzte" Formel wird es aber möglich, einen Paasche-Index zu berechnen, wenn lediglich die Preismesszahlen und die Umsätze der Berichtsperiode gegeben sind.

1.5 Bildung von Indizes aus Teilindizes

Genauso wie zuvor einzelne Messzahlen gewichtet zu einem **Gesamtindex** zusammengefasst wurden, kann auch aus **Teilindizes** ein Gesamtindex gebildet werden. Den Gesamt-Laspeyres-Index erhält man also, indem die Teilindizes mit den Umsätzen der Basisperiode gewichtet werden. Nachfolgend wird dies an einem Beispiel verdeutlicht:

$$L_{01}^{P\,ges} = \frac{\sum_j L_{01}^{P\,j} * (\sum_i p_{0i} q_{0i})^j}{\sum_j (\sum_i p_{0i} q_{0i})^j}$$

$(\sum_i p_{0i} q_{0i})^j$ stellt den Umsatz für den Bereich des jeweiligen Teilindexes dar. Die einzelnen Teilindizes $L_{01}^{P\,j}$ werden mit diesem Ausdruck genauso gewichtet, wie Messzahlen mit dem entsprechenden Umsatz gewichtet werden.

Für Mengenindizes ergibt sich der Gesamtindex auf analoge Weise.

Die angeführte Summe kann folgendermaßen umgestellt werden:

$$\frac{\sum_j L_{01}^{P\,j} * (\sum_i p_{0i} q_{0i})^j}{\sum_j (\sum_i p_{0i} q_{0i})^j} = \sum_j \left(L_{01}^{P\,j} * \frac{(\sum_i p_{0i} q_{0i})^j}{\sum_j (\sum_i p_{0i} q_{0i})^j} \right) = \sum_j L_{01}^{P\,j} * G_0^j$$

Hierbei wurde der Ausdruck $\frac{(\sum_i p_{0i} q_{0i})^j}{\sum_j (\sum_i p_{0i} q_{0i})^j} = G_0^j$ gesetzt.

Die G_0^j sind somit nichts anderes als der Umsatzanteil des jeweiligen Teilbereiches j zum Zeitpunkt t_0. Natürlich könnte die **Gewichtung** auch mit den Umsätzen aus anderen Perioden, z. B. der Berichtsperiode, oder mit gänzlich anderen Gewichten durchgeführt werden. In der Regel wird aber mit den Umsatzanteilen der Basisperiode, wie es zuvor beschrieben wurde und auch dem Konzept des Laspeyres-Indexes entspricht, gewichtet.

1.6 Umbasierung

Wenn einmal die Mengen erhoben worden sind, so können fortlaufend Laspeyres-Indizes mit diesen Mengen berechnet werden. Im Laufe der Zeit wird die Basis aber veralten. Bei einem Lebenshaltungskostenindex bedeutet dieses Veralten beispielsweise, dass die zugrunde gelegten Mengen nicht mehr den aktuellen Verbrauchsgewohnheiten entsprechen. Eine starke Änderung von Verbrauchsgewohnheiten ergibt sich insbesondere dort, wo sich neue Produkte durchsetzen. Es wäre beispielsweise sicherlich unsinnig heutzutage, die KFZ-Kosten in einem Index mit den Mengen des Jahres 1910 zu gewichten.

Wenn nun eine neue Gewichtung durchgeführt wird, so ergibt sich hierdurch ein neuer Index, der als Basisperiode den Zeitpunkt der Neugewichtung hat. Ein Problem entsteht nun, wenn Indizes weiterhin zu einer Basisperiode, die vor der Umbasierung liegt, angegeben werden sollen. Nachfolgend sei unterstellt, dass 1985 eine Umbasierung stattgefunden hat:

Es seien folgende beiden Indizes gegeben:

$$L^P_{80\,85} = 115{,}4\% \quad \text{und} \quad L^P_{85\,90} = 107{,}2\%$$

Weiterhin sei angenommen, dass der Index zur Basis 1980 fortgeschrieben werden soll. D.h. auch die Preise für 1990 sollen in Bezug auf die Preise von 1980 angegeben werden. Da $L^P_{80\,85}$ die Preissteigerung bis 1985 und $L^P_{85\,90}$ die Preissteigerung von 1985 bis 1990 angibt, bietet es sich an, die beiden Indizes miteinander zu multiplizieren:

$$L^P_{80\,85} * L^P_{85\,90} = 115{,}4\% * \frac{107{,}2\%}{100\%} = 123{,}7\%$$

Die Indizes sind als Prozentzahlen angegeben. Damit sich auch als Ergebnis der Multiplikation wieder eine Prozentzahl ergibt, müssen beim Multiplizieren alle außer einem durch 100 geteilt werden.

Handelt es sich bei dem Ergebnis der Rechnung nun um einen Laspeyres-Index zur Basis 1980? Dieses ist nicht der Fall, denn bei dem zweiten Index stammte die Gewichtung ja von 1985 und nicht von 1980. Dass sich hierbei kein neuer Laspeyres-Index ergibt, ist gleichbedeutend damit, dass für Laspeyres-Indizes die Rundprobe (siehe Abschnitt 2.3) nicht erfüllt ist.

2 Theoretische Forderungen an Indizes (Proben)

Man kann prüfen, ob die Indizes bestimmte wünschenswerte Forderungen erfüllen. Diese Forderungen nennt man auch Proben.

2.1 Proportionalitäts-, Identitäts- und Dimensionswechsel-Probe

Zunächst seien 3 grundlegende Proben angeführt, die jeder vernünftig gewählte Index erfüllen sollte. Dieses sind die

Proportionalitäts-Probe: Wenn alle Messzahlen den gleichen Wert haben, also beipielsweise alle Preise um gleich viel gestiegen sind, so soll der Index diesem Wert entsprechen.

Identitäts-Probe: Wenn Basis- und Berichtsperiode identisch sind, so soll der Index den Wert 1 liefern.

Dimensionswechsel-Probe: Wenn man die Dimension (Einheit) ändert, so soll sich der Index nicht verändern. Wenn also z. B. die Mengen statt in „g“ in „kg“ angegeben werden, so soll der Index der gleiche sein.

Diese 3 Proben werden von allen betrachteten Indizes erfüllt.

Die wichtigeren Proben sind die Zeitumkehr-, Faktorumkehr- und Rundprobe. Diese werden nachfolgend behandelt.

2.2 Zeitumkehrprobe

Man kann einen Index gewissermaßen in der Zeit umdrehen, indem man Basis- und Berichtsperiode vertauscht. Für den Laspeyres-Preisindex würde die Vertauschung beispielsweise folgendermaßen aussehen:

$$\text{Laspeyres-Preisindex } L_{01}^{P} = \frac{\sum p_{1i}\, q_{0i}}{\sum p_{0i}\, q_{0i}}$$

$$\text{Zeitumgedrehter Laspeyres-Preisindex } L_{10}^{P} = \frac{\sum p_{0i}\, q_{1i}}{\sum p_{1i}\, q_{1i}}$$

Wenn also bei einem Index die beiden Perioden (hier 0 und 1) vertauscht werden, so müssen auch in der Formel alle Perioden vertauscht werden (hier muss also jede Null durch eine 1 und jede 1 durch eine 0 ersetzt werden).

Allgemein lässt sich festhalten, dass bei einem Laspeyres-Preisindex die Mengen und der Preis im Nenner aus der zuerst genannten Periode stammen, während der Preis im Zähler aus der zuletzt genannten stammt.

Bei einem Paasche-Preisindex gilt für die Preise das Gleiche. Die Mengen stammen aber jeweils aus der anderen Periode:

$$\text{Paasche-Preisindex } P_{01}^{P} = \frac{\sum p_{1i}\, q_{1i}}{\sum p_{0i}\, q_{1i}}$$

$$\text{Zeitumgedrehter Paasche-Preisindex } P_{10}^{P} = \frac{\sum p_{0i}\, q_{0i}}{\sum p_{1i}\, q_{0i}}$$

Bei der **Zeitumkehrprobe** wird nun verlangt, dass, wenn man den Index mit dem zeitumgedrehten Index multipliziert, 1 dabei herauskommt. Dies bedeutet, dass sich die Indizes gewissermaßen gegenseitig aufheben. Messzahlen erfüllen diese Eigenschaft, denn die „zeitumgekehrte" Messzahl ergibt sich gerade als Kehrwert der ursprünglichen Messzahl.

Formal wird gefordert:

$$P_{01} * P_{10} = 1 \Leftrightarrow P_{01} = \frac{1}{P_{10}}$$

Für Laspeyres- und Paasche-Indizes gilt dieses nicht, wie sich folgendermaßen zeigen lässt:

Laspeyres-Preisindex: $\mathbf{L^P_{01}} = \frac{\sum p_{1i}\, q_{0i}}{\sum p_{0i}\, q_{0i}} = \frac{1}{\frac{\sum p_{0i}\, q_{0i}}{\sum p_{1i}\, q_{0i}}} = \frac{\mathbf{1}}{\mathbf{P^P_{10}}}$

Der Index, der nun im Nenner steht, ist gerade der zeitumgedrehte Paasche-Preisindex. Dieser entspricht aber nicht dem zeitumgedrehten Laspeyres-Index. Somit erfüllen weder Laspeyres- noch Paasche-Index die Zeitumkehrprobe.

Der Fisher–Index hingegen erfüllt die Zeitumkehrprobe:

$$F^P_{01} = \sqrt{L^P_{01} * P^P_{01}} = \sqrt{\frac{1}{P^P_{10}} * \frac{1}{L^P_{10}}}$$

Hier wurde der zuvor dargelegte Zusammenhang $L^P_{01} = \frac{1}{P^P_{10}}$ ausgenutzt.

$$\sqrt{\frac{1}{P^P_{10}} * \frac{1}{L^P_{10}}} = \sqrt{\frac{1}{P^P_{10} * L^P_{10}}} = \frac{1}{\sqrt{P^P_{10} * L^P_{10}}} = \frac{1}{F^P_{10}}$$

Also gilt: $F^P_{01} = \frac{1}{F^P_{10}} \Leftrightarrow F^P_{01} * F^P_{10} = 1$

2.3 Faktorumkehrprobe

Hier wird gefordert, dass sich der Umsatzindex als Produkt aus Preis- und Mengenindex ergibt. Dies bedeutet quasi, dass der Umsatzindex mittels der entsprechenden Indizes in die einzelnen Faktoren von Preisänderung und Mengenänderung zerlegt werden kann.

Auch dieses ist eine Eigenschaft, die von Messzahlen erfüllt wird. Wie sieht es mit dieser Eigenschaft bei den Indizes aus?

Für Laspeyres-Indizes müsste gelten:

$$L^P_{01} * L^Q_{01} \overset{?}{=} U_{01}$$

$$\Leftrightarrow \quad \frac{\sum p_{1i}\, q_{0i}}{\sum p_{0i}\, q_{0i}} * \frac{\sum p_{0i}\, q_{1i}}{\sum p_{0i}\, q_{0i}} \neq \frac{\sum p_{1i}\, q_{1i}}{\sum p_{0i}\, q_{0}}$$

Der linke Ausdruck lässt sich nicht zu dem rechten vereinfachen, und somit gilt die Faktorumkehrprobe für **Laspeyres-Indizes** nicht. Auch für **Paasche-Indizes** gilt die Faktorumkehrprobe nicht.

Der Fisher-Index erfüllt jedoch auch diese Probe:

$$F^P_{01} * F^Q_{01} = \sqrt{L^P_{01} * P^P_{01}} * \sqrt{L^Q_{01} * P^Q_{01}}$$

$$= \sqrt{\frac{\sum p_{1i}\, q_{0i}}{\sum p_{0i}\, q_{0i}} * \frac{\sum p_{1i}\, q_{1i}}{\sum p_{0i}\, q_{1i}} * \frac{\sum p_{0i}\, q_{1i}}{\sum p_{0i}\, q_{0i}} * \frac{\sum p_{1i}\, q_{1i}}{\sum p_{1i}\, q_{0i}}}$$

In dieser Summe kürzen sich nun einige Terme heraus:

$$= \sqrt{\frac{\cancel{\sum p_{1i}\, q_{0i}}}{\sum p_{0i}\, q_{0i}} * \frac{\sum p_{1i}\, q_{1i}}{\cancel{\sum p_{0i}\, q_{1i}}} * \frac{\cancel{\sum p_{0i}\, q_{1i}}}{\sum p_{0i}\, q_{0i}} * \frac{\sum p_{1i}\, q_{1i}}{\cancel{\sum p_{1i}\, q_{0i}}}}$$

Im Zähler und Nenner verbleiben nun nur noch jeweils zweimal die gleichen Terme.

$$= \sqrt{\frac{\sum p_{1i}\, q_{1i}}{\sum p_{0i}\, q_{0i}} * \frac{\sum p_{1i}\, q_{1i}}{\sum p_{0i}\, q_{0i}}} = \sqrt{\left(\frac{\sum p_{1i}\, q_{1i}}{\sum p_{0i}\, q_{0i}}\right)^2}$$

Wenn man nun noch die Wurzel zieht, bleibt Folgendes übrig:

$$= \frac{\sum p_{1i} q_{1i}}{\sum p_{0i} q_{0i}} = U_{01}$$

Somit erfüllt der Fisher-Index die Faktorumkehrprobe.

2.4 Rundprobe

Hierbei wird gefordert, dass sich der Index über eine größere Zeitspanne als das Produkt der Indizes über kleinere Zeitspannen ergibt. Wenn die Rundprobe gilt, so kann ein Gesamtindex gebildet werden, indem die einzelnen Teilindizes miteinander multipliziert werden.

Es soll gelten:

$$P_{02} = P_{01} * P_{12} \Leftrightarrow \frac{P_{02}}{P_{01}} = * P_{12}$$

Es sei zunächst ein Laspeyres-Index betrachtet:

$$L^P_{01} * L^P_{12} \overset{?}{=} L^P_{02}$$

Bei L^P_{02} stammt die Gewichtung aus der Periode 0. Bei L^P_{01} stammt sie ebenfalls aus der Periode 0, aber bei L^P_{12} ergibt sich die Gewichtung aus der Periode 1. Aus diesem Zusammenhang heraus lässt sich schon folgern, dass die Rundprobe von Laspeyres-Indizes nicht erfüllt wird. Rechnerisch ergibt sich:

$$\frac{\sum p_{1i} q_{0i}}{\sum p_{0i} q_{0i}} * \frac{\sum p_{2i} q_{1i}}{\sum p_{1i} q_{1i}} \neq \frac{\sum p_{2i} q_{0i}}{\sum p_{0i} q_{0i}}$$

Die Rundprobe wird von den Laspeyres-Indizes nicht erfüllt!

Auch für die Paasche- und Fisher-Indizes ist die Rundprobe nicht erfüllt. Somit wird diese Probe von keinem der betrachteten Indizes, außer dem Umsatzindex, erfüllt.

2.5 Bewertung der Indexkonzepte

Zunächst sei angeführt, dass in diesem Rahmen nur die wichtigsten Indexkonzepte angesprochen worden sind.

Von den betrachteten Indizes hat sicherlich der Fisher-Index die "schönsten" Eigenschaften. Er erfüllt nicht nur die für ein vernünftiges Indexkonzept erforderlichen Proportionalitäts-, Identitäts- und Dimensionswechselprobe, sondern auch die Zeitumkehr- und Faktorumkehrprobe. Paasche- und Laspeyres-Indizes hingegen erfüllen diese beiden Proben nicht.

Fisher hat bei der Konstruktion seines Indexes diese Proben im Auge gehabt. Die angeführten Proben, die der Fisher-Index erfüllt (Proportionalitäts-, Identitäts- Dimensionswechsel-, Zeitumkehr- und Faktorumkehrprobe) werden auch **Fisherprobe** genannt.

Die Rundprobe wird von keinem der Indizes erfüllt.

Insgesamt lässt sich festhalten, dass der **Fisher-Index** eine Art **Ideal-Index** ist. Allerdings ist dieses lediglich das Ergebnis der theoretischen Betrachtung. Aus der praktischen Sicht ist der Fisher-Index von den dargelegten Indexkonzepten der unangenehmste. Denn der Fisher-Preisindex lässt sich nur berechnen, wenn sowohl die Mengen der Basisperiode als auch die Mengen der Berichtsperiode bekannt sind (entsprechend werden für einen Fisher-Mengenindex die Preise der Basis- und Berichtsperiode benötigt). Die Berechnung von Fisher-Indizes erfordert somit den größten Aufwand für die Erhebung der Daten.

Deshalb spielt der Fisher-Index, trotz seiner theoretischen Vorteile, in den amtlichen Statistiken keine Rolle.

3 Amtliche Statistik und weitere Zusammenhänge

In der amtlichen Statistik finden sich fast ausschließlich Laspeyres-Indizes. Hier wird der Unterschied zwischen Theorie und Praxis besonders augenfällig. Wenn zu einem bestimmten Zeitpunkt die Mengen erhoben worden sind, so kann von diesem Zeitpunkt an fortlaufend ein **Laspeyres-Preisindex** berechnet werden, ohne dass weiterhin Mengen erhoben werden müssen. Bei einem Paasche-Preisindex müssen hingegen stets die aktuellen Mengen vorliegen. Bei der Anwendung von Paasche-Preisindizes müssten also in jeder neuen Periode auch wieder die Mengen neu erhoben werden. Noch etwas aufwendiger wäre die Erhebung bei Fisher-Preisindizes, denn hier müssten ja die Laspeyres- und Paasche-Indizes berechnet werden, so dass sowohl in der ersten Periode als auch in jeder folgenden Periode die Mengen erhoben werden müssten. Aus den angeführten Gründen spielen Paasche- und Fisher-Indizes in der Praxis kaum eine Rolle. Analog liegen die Verhältnisse bei Mengenindizes, hier ist es die fortwährende Erhebung der Preise, die bei dem Laspeyres-Index entfällt.

Allerdings tritt bei der Anwendung des Laspeyres-Indexes das Problem der Veralterung der Gewichtung auf. Daher muss bei der Anwendung dieses Indexes die Gewichtung von Zeit zu Zeit aktualisiert werden. Auf die hierbei auftretenden Probleme (Strukturbrüche) wird nachfolgend noch näher eingegeangen.

3.1 Preisindizes in der amtlichen Statistik

Preisindizes werden vom Statistischen Bundesamt vor allem in der "Fachserie 17: Preise" veröffentlicht. Hierbei werden sehr viele verschiedene Preisindizes aufgeführt. Wie zuvor angeführt, handelt es sich um Laspeyres-Indizes.

Sicherlich ist der Preisindex der Lebenshaltung der bekannteste Preisindex. Seit 1962 werden die Lebenshaltungskosten für 5 Haushaltstypen ausgewiesen. Diese sind:

1) Alle privaten Haushalte (hierbei handelt es sich um einen Durchschnittshaushalt mit 2 Erwachsenen und "0,4 Kindern" (die Kinderzahl wird den demographischen Gegebenheiten angepasst, der Wert von 0,4 gilt seit 1980))
2) Städtische Haushalte von Angestellten mit höherem Einkommen mit 2 Erwachsenen und 2 Kindern
3) Städtische Arbeitnehmerhaushalte mit mittlerem Einkommen mit 2 Erwachsenen und 2 Kindern
4) Haushalte von Renten- und Sozialhilfeempfängern mit 2 älteren Erwachsenen
5) Einfache Lebenshaltung eines Kindes im Alter von 1 bis 18 Jahren

Die speziellen Indizes sind insbesondere Hilfsmittel für politische Entscheidungen. Die Lebenshaltungskosten eines Kindes sind beispielsweise eine wichtige Grundlage für Entscheidungen über die Höhe des Kindergeldes usw..

Wenn allgemein über den Preisanstieg gesprochen wird, so ist hiermit in der Regel der Index für den ersten Haushaltstyp gemeint, denn dieser ist gerade ein Durchschnittshaushalt. Die Gewichtung wird für jeden Index individuell mit den Mengen der Basisperiode durchgeführt.

Weiterhin werden Preisindizes für verschiedene Gütergruppen erhoben. Hierbei gibt es Preisindizes sowohl für Großhandels- als auch für Verbraucherpreise.

3.2 Mengenindizes in der amtlichen Statistik

Mengenindizes sind wesentlich schwieriger zu erheben als Preisindizes. In der amtlichen Statistik gibt es sie im Wesentlichen nur im Bereich des "Produzierenden Gewerbes". Von Interesse sind hier Produktions- und Arbeitsproduktivitätsindizes.

Das "**Produzierende Gewerbe**" ist folgendermaßen definiert: alle Betriebe oder Unternehmen des verarbeitenden Gewerbes, der Energie- und Wasserversorgung, des Bergbaus, Baugewerbes und des produzierenden Handwerks.

Hierbei ist jedoch zu beachten, dass im Allgemeinen nur Betriebe mit mindestens 20 Beschäftigten in eine kontinuierliche Berichterstattung mit einbezogen werden.

3.2.1 Produktionsindizes

Hier muss vor allem zwischen Brutto- und Nettogrößen unterschieden werden. Die **Bruttogrößen** sind hierbei von weit geringerem Interesse, denn bei diesen fließen insbesondere alle Vorleistungen mit ein. Wenn z.B. die Autoproduzenten ihre Zulieferer aufkaufen würden, so würde ceteris paribus (wenn alle anderen Größen konstant gehalten werden) die Bruttoproduktion fallen. Denn nach dem Aufkauf geht jedes Auto nur noch mit seinem Wert in die Bruttoproduktion ein. Zuvor ging der Wert des Autos dagegen bei dem Autoproduzenten mit ein, und zusätzlich wurde der Wert aller zugelieferten Teile hinzugerechnet, denn dieses war die Bruttoproduktion der Zulieferer.

Aus dem Dargelegten wird deutlich, dass **Nettogrößen** wesentlich sinnvoller sind. Die wesentliche Nettogröße der amtlichen Statistik ist der "Census-Value-Added" (geschätzter zusätzlicher Wert, Nettoproduktion). Im Wesentlichen handelt es sich hierbei gerade um die um Vorleistungen bereinigte Bruttoproduktion. Es gilt:

Census-Value-Added = Bruttowertschöpfung
- Reparaturen, Instandhaltung
- Vergebene Lohnarbeiten
- Materialverbrauch

Zu bestimmten Zeiten werden die Anteile der einzelnen Wirtschaftszweige an dem gesamten Census-Value-Added ermittelt. Wenn man dann für eine spätere Periode nur die Indizes für die einzelnen Wirtschaftszweige zur Verfügung hat, so kann der gesamte Census-Value-Added folgendermaßen berechnet werden:

$$\sum_j \text{Index}_j * \text{Gewicht}_j$$

Die Teilindizes müssen also gewichtet addiert werden. Die Gewichte bezeichnet man auch mit G_0^j. Das j steht hierbei für den entsprechenden Industriezweig, und die tiefer gestellte Zahl gibt die Periode an, aus der die Gewichte stammen, in diesem Fall also aus der Periode 0. (Siehe hierzu auch Abschnitt 1.7) Es dürfte klar sein, dass in dieser Methode eine gewisse Problematik steckt, denn es ist zu erwarten, dass sich die Gewichte der einzelnen Industriezweige mit der Zeit verschieben. Wenn man heutzutage etwa noch mit Gewichten von vor 100 Jahren arbeiten würde, so würden die Kohle- und Stahlindustrie mit einem riesigen Gewicht eingehen. Wichtig ist also, dass die Gewichte von Zeit zu Zeit aktualisiert werden.

3.2.2 Index der Arbeitsproduktivität

Mit Hilfe des Arbeitseinsatzes (a), der als Anzahl der Beschäftigten oder Anzahl der Arbeitsstunden angegeben wird, wird die Messzahl des Arbeitseinsatzes gebildet:

$$\text{Messzahl des Arbeitseinsatzes} = \frac{a_t}{a_0} \qquad a = \text{Arbeitseinsatz}$$

Diese Messzahl gibt die Veränderungen des Arbeitseinsatzes an.

Die Arbeitsproduktivität ergibt sich, indem man die produzierte Menge (Output) durch den Arbeitseinsatz teilt:

$$\text{Arbeitsproduktivität in der Periode } t = \frac{Q_t}{a_t}$$

Im Laufe der Zeit verändert sich in der Regel sowohl die Nettoproduktion (Q_t), als auch der Arbeitseinsatz (a_t). Die Änderung der Nettoproduktion wird durch den Index der Nettoproduktion (L_{0t}^Q) beschrieben, während die Messzahl des Arbeitseinsatzes dessen Änderung beschreibt. Der Index der

Arbeitsproduktivität ergibt sich nun als Quotient dieser beiden Größen:

$$AP_{0t}\text{ (Arbeitsproduktivitäts-Index)} = \frac{L^{Q}_{0t}\text{ (Index der Nettoproduktion)}}{\frac{a_t}{a_0}\text{ (Messzahl des Arbeitseinsatzes)}}$$

Wie im vorherigen Abschnitt beschrieben, werden für die Nettoproduktion Indizes für Teilbereiche ausgewiesen, und $L^{Q^{ges}}_{0t}$ wird als gewichtetes Mittel der jeweiligen Teilindizes berechnet. Entsprechend ergibt sich für den Index der Arbeitsproduktivität (nicht strukturbereinigt):

$$AP^{ges}_{0t} = \frac{L^{Q^{ges}}_{0t}}{\frac{a_t}{a_0}} = \frac{\sum_j L^{Q^j}_{01} * G^j_0}{\frac{a_t}{a_0}}$$

Dieser Index misst die Änderung des gesamten Outputs, bezogen auf die Änderung des gesamten Arbeits-Inputs. Dieser Index kann sich auch verändern, wenn die **Arbeitsproduktivität** in jedem einzelnen Wirtschaftszweig j identisch bleibt. Wenn nämlich Arbeitskräfte beispielsweise von einem Bereich mit niedriger Arbeitsproduktivität zu einem Bereich mit hoher Arbeitsproduktivität wechseln, so wird allein aufgrund dieses Wechsels der gesamte Output steigen. Daher wäre $L^{Q^{ges}}_{0t}$ größer als 1, auch wenn in allen Teilbereichen die Arbeitsproduktivitäts-Indizes AP^j_{0t} konstant geblieben und auch der gesamte Arbeitseinsatz nicht gestiegen ($a_t = a_0$) wäre. AP^{ges}_{0t} würde somit größer als 1 sein (Zähler größer 1, Nenner gleich 1), allein weil Arbeitskräfte in produktivere Wirtschaftsbereiche wechseln.

Die Teilindizes der Arbeitsproduktivität lauten:

$$AP^j_{0t} = \frac{L^{Q^j}_{0t}}{\frac{a_t{}^j}{a_0{}^j}}$$

$$L^{Q^j}_{0t} = AP^j_{0t} \cdot \frac{a_t{}^j}{a_0{}^j}$$

Diese Teilindizes wären in dem Beispiel alle 1 gewesen, denn die einzelnen Arbeitsproduktivitäten hätten sich ja nach der Voraussetzung nicht geändert. In dem Maße, wie in einem Teilbereich der Arbeitseinsatz a^j gestiegen oder gefallen wäre, wäre auch der Output Q^j gestiegen oder gefallen. Daher ist der Quotient aus der Änderung des Outputs und der Änderung des Arbeitseinsatzes 1 (dieser Quotient ist gerade AP^j_{0t}).

Wenn man die einzelnen Teilindizes der Arbeitsproduktivität gewichtet addiert, so ergibt sich:

strukturbereinigter AP-Index: $AP^{ges}_{0t} = \sum_j AP^j_{0t} * G^j_0$

Auch hierbei handelt es sich um einen Index der gesamten Arbeitsproduktivität. In dem betrachteten Beispiel hätte dieser Index den Wert 1, während der zuvor betrachtete (nicht strukturbereinigte) Index einen Wert größer als 1 hätte. Der Unterschied liegt darin, dass der strukturbereinigte Index nur auf Veränderungen der einzelnen Arbeitsproduktivitäten "reagiert", der nicht strukturbereinigte Index hingegen auch Änderungen durch Verschiebungen des Arbeitseinsatzes in den einzelnen Bereichen berücksichtigt.

3.3 Deflationieren

Eine wichtige Aufgabe von Preisindizes ist die Deflationierung von Umsatzgrößen. Wenn z. B. das BSP gewachsen ist, so wird in der Regel (wenn Inflation geherrscht hat) ein Teil dieses Wachstums kein reales Wachstum, sondern lediglich ein Wachstum aufgrund eines Preisanstiegs sein. Man unterscheidet daher zwischen nominalen Größen (nicht preisbereinigt) und realen Größen (preisbereinigt). Wie kann nun mit Preisindizes eine derartige Preisbereinigung durchgeführt werden? Es war gezeigt worden, dass für Fisher-Indizes die Faktorumkehrprobe gilt. Somit gilt:

$$F^P_{01} * F^Q_{01} = U_{01}$$

U_{01} gibt die **nominelle** Änderung des Umsatzes an; der Mengenindex stellt hingegen die **reale** Änderung dar. Durch Umformen ergibt sich die reale Änderung zu:

$$F^Q_{01} = \frac{U_{01}}{F^P_{01}}$$

Für Fisher-Indizes können die Umsätze also deflationiert werden, indem man sie durch den entsprechenden Fisher-Preisindex teilt.

Nun werden aber Fisher-Indizes in der Praxis so gut wie nie angewendet. Wie kann also mit Laspeyres- und Paasche-Indizes deflationiert werden? Auf dieselbe Weise wie bei Fisher-Indizes sicherlich nicht, denn für diese Indizes gilt die Zeitumkehrprobe nicht.

Ein anderer Zusammenhang lässt sich aber für diese Indizes leicht zeigen:

$$U_{01} = \frac{\sum p_{1i} \; q_{1i}}{\sum p_{0i} \; q_{0i}} = \frac{\sum p_{1i} \; q_{1i}}{\sum p_{0i} \; q_{0i}} * \frac{\sum p_{1i} \; q_{0i}}{\sum p_{1i} \; q_{0i}}$$

Der Ausdruck für den Umsatz wurde einfach um den hinteren Bruch, dessen Wert gerade 1 ist, erweitert. Nun können die Terme umsortiert werden:

$$\Leftrightarrow U_{01} = \frac{\sum p_{1i} \; q_{0i}}{\sum p_{0i} \; q_{0i}} * \frac{\sum p_{1i} \; q_{1i}}{\sum p_{1i} \; q_{0i}} = L^{P}_{01} * P^{Q}_{01}$$

Es gilt also:

$$U_{01} = L^{P}_{01} * P^{Q}_{01}$$

Auf analoge Weise lässt sich zeigen:

$$U_{01} = P^{P}_{01} * L^{Q}_{01}$$

Nach den realen Größen aufgelöst, ergibt sich somit:

$$P^{Q}_{01} = \frac{U_{01}}{L^{P}_{01}} \quad \text{und} \quad L^{Q}_{01} = \frac{U_{01}}{P^{P}_{01}}$$

Wenn mit einem Laspeyres-Preisindex deflationiert wird, ergibt sich somit ein Paasche-Index für die realen Größen.

Den gängigeren Laspeyres-Index erhält man nur, wenn man mit einem Paasche-Preisindex deflationiert.

3.4 Differenzen

Wie zuvor gezeigt, gilt für Laspeyres- und Paasche-Indizes die Faktorumkehrprobe nicht. Im Allgemeinen gilt also:

$$L^P_{01} * L^Q_{01} \neq U_{01}$$

Den Unterschied dieser beiden Seiten der Gleichung definiert man als Differenz D_{0t}:

$$D_{01} = U_{01} - L^P_{01} * L^Q_{01}$$

U_{01} lässt sich nun entsprechend folgender Beziehung ersetzen:

$$U_{01} = P^P_{01} * L^Q_{01}$$

$$\Rightarrow D_{01} = U_{01} - L^P_{01} * L^Q_{01} = P^P_{01} * L^Q_{01} - L^P_{01} * L^Q_{01} = L^Q_{01} * (P^P_{01} - L^P_{01})$$

Also gilt:

$$D_{01} = L^Q_{01} * (P^P_{01} - L^P_{01})$$

Wenn die Differenz positiv ist, so ist der Paasche-Preisindex größer als der Laspeyres-Preisindex und umgekehrt.

Es lässt sich zeigen, dass D_{01} gerade eine gewichtete Kovarianz der Preis- und Mengenmessziffern ist.

Somit ist der Paasche-Preisindex größer, wenn die Preis- und Mengen-Messzahlen positiv korreliert sind.

Sind hingegen die Preis- und Mengenmesszahlen negativ korreliert, so ist der Laspeyres-Preisindex größer. In der Regel ist zu erwarten, dass die Messziffern negativ korreliert sind, denn es ist anzunehmen, dass sich für die Produkte, deren Preise überproportional steigen, die Nachfrage unterproportional entwickelt.

Somit wird meistens der Wert des Laspeyres-Index über dem des Paasche-Index liegen. (Diesen Zusammenhang kann man sich auch folgendermaßen erklären: Da bei dem Paasche-Preisindex mit den aktuellen Mengen gewichtet wird, werden Produkte, die wegen gestiegener Preise weniger nachgefragt werden, im Paasche-Preisindex auch weniger gewichtet. Der Laspeyres-Preisindex behält hingegen die Gewichtung vom Anfang bei.)

3.5 Kaufkraftparitäten

Bisher wurden nur Indizes betrachtet, die Unterschiede zu verschiedenen Zeitpunkten beschrieben haben. Die Indizes wurden also zu der Beschreibung von temporären Veränderungen benutzt. Die beschriebenen Indexkonzepte lassen sich aber auch zur Beschreibung von regionalen Unterschieden, also insbesondere Unterschieden zwischen verschiedenen Ländern, benutzen.

Statt wie bisher eine Basisperiode und eine Berichtsperiode werden nun ein "Basisland" und ein "Berichtsland" gewählt. Ein entsprechender Preisindex vergleicht nun die Preise des "Berichtslandes" mit denen des "Basislandes". Die Gewichtung stammt nun natürlich bei einem Laspeyres-Index aus dem "Basisland" und bei einem Paasche-Index aus dem "Berichtsland". Bei einem Preisindex für Deutschland, bezogen auf die Preise in den USA, bedeutet dieses, dass bei einem Laspeyres-Index$_{UD}$ das Mengenschema aus den USA stammt. Der Index hat also folgende Form:

$$L^P_{UD} = \frac{\sum p_{Di}\, q_{Ui}}{\sum p_{Ui}\, q_{Ui}}$$

Gegenüber der zuvor betrachteten Formel für L^P_{01} wurde also statt der 0 das "Basisland" USA (U) und statt der 1 das "Berichtsland" Deutschland (D) eingesetzt. Hierbei ergibt sich ein wichtiger Unterschied zu den temporären Indizes: Die Preise in den USA werden in einer anderen Einheit ($) gemessen als die Preise in Deutschland (EUR). Der Index L^P_{UD} ist somit nicht dimensionslos, wie es die temporären Indizes sind, sondern er hat die Dimension $\frac{EUR}{\$}$. Um aus diesem Index einen "richtigen Index", also einen Index, der um 100% herum schwankt, zu erhalten, muss der Wert mittels des Wechselkurses korrigiert werden. Je nachdem, ob der Wechselkurs in $\frac{EUR}{\$}$ oder aber $\frac{\$}{EUR}$ (gängige Notierung in Deutschland) angegeben ist, muss der Indexwert durch den Wechselkurs geteilt oder mit dem Wechselkurs multipliziert werden, damit sich ein dimensionsloser Index ergibt.

Wenn sich bei der Korrektur mit dem Wechselkurs der Wert 1 ergibt, so bedeutet dies, dass das Preisniveau in beiden Ländern (beim Laspeyres-Index gewichtet mit dem Mengenschema des Basislandes) gleich ist. Der Wert 1 ergibt sich nun aber gerade, wenn der Wechselkurs dem Indexwert entspricht.

Den Wert des Indexes kann man daher auch als fiktiven Wechselkurs interpretieren, eben den Wechselkurs, bei dem man sich den betrachteten Warenkorb in beiden Ländern für gleichviel Geld (umgerechnet mit diesem Wechselkurs) kaufen kann. Daher bezeichnet man diesen Wert auch als **Kaufkraftparität** oder **Verbrauchergeldparität** (dieser Ausdruck wird in den amtlichen Statistiken benutzt).

Bei diesen Verbrauchergeldparitäten wird in der amtlichen Statistik, wie auch schon in dem vorherigen Beispiel, das Ausland als Basisland gewählt. Verbrauchergeldparitäten sind aber trotzdem nicht eindeutig, denn es macht einen Unterschied, nach welchem Mengenschema gewichtet wird. Aufgrund der nationalen Gewohnheiten und der unterschiedlichen Preise unterscheiden sich die Verbrauchsgewohnheiten in der Regel deutlich.

Da bei den Verbrauchergeldparitäten in der amtlichen Statistik das Ausland als Basisland gewählt wird, findet bei dem Laspeyres-Index die Gewichtung mit dem ausländischen Schema statt, während bei dem Paasche-Index mit dem deutschen Schema gewichtet wird:

$$L^P_{AD} = \frac{\sum p_{Di}\, q_{Ai}}{\sum p_{Ai}\, q_{Ai}} \quad \text{ausländisches Schema}$$

$$P^P_{AD} = \frac{\sum p_{Di}\, q_{Di}}{\sum p_{Ai}\, q_{Di}} \quad \text{deutsches Schema}$$

In der Regel wird der Wert des Laspeyres-Indexes größer sein als der des Paasche-Indexes, denn es kann damit gerechnet werden, dass die in Deutschland relativ billigen Güter stärker als im Ausland und die relativ teuren Güter weniger als im Ausland konsumiert werden. In Abschnitt 3.4 wurde auf diesen Zusammenhang näher eingegangen.

Natürlich ist es unbefriedigend, dass sich aufgrund der verschiedenen Gewichtungsmöglichkeiten verschiedene Werte für die Kaufkraftparitäten ergeben. Eine Möglichkeit, sich auf einen bestimmten Wert zu einigen, bietet der Fisher-Index. Da dieser sich als geometrisches Mittel aus dem Laspeyres- und Paasche-Index ergibt, wird bei Anwendung des Fisher-Indexes sowohl mit den Mengen des Inlandes als auch mit denen des Auslandes gewichtet.

$$F_{AD}^{P} = \sqrt{L_{AD}^{P} * P_{AD}^{P}}$$

> Es lässt sich festhalten, dass bei regionalen Indizes die für temporäre Indizes geltenden Beziehungen auch gelten. Als Unterschied ist lediglich zu beachten, dass die regionalen Indizes nicht dimensionslos sind.

Es seien nun folgende Werte gegeben:

100 schwedische Kronen entsprechen:

bei deutschem Schema	7,10 EUR
bei schwedischem Schema	9,45 EUR
Devisenkurs	9,07 EUR

Angenommen, ein deutscher Arbeiter sei für seine Firma nach Schweden gegangen. Er erhält das gleiche Gehalt wie zuvor in EUR ausgezahlt. Wieviel Prozent lebt er teurer oder billiger als in Deutschland, wenn er

a) seine Verbrauchsgewohnheiten beibehält, also nach deutschem Verbrauchsschema lebt?

b) seine Verbrauchsgewohnheiten ändert und nun nach schwedischem Verbrauchsschema lebt?

Es sind die Indizes $P_{SD}^{P} = 7{,}10 \frac{EUR}{100skr}$ und $L_{SD}^{P} = 9{,}45 \frac{EUR}{100skr}$ sowie der Wechselkurs $WK_{SD} = 9{,}07 \frac{EUR}{100skr}$ gegeben.

Wie zuvor erläutert, sind die Indizes so definiert, dass sie sich auf das Ausland beziehen. Die Fragestellung bezieht sich aber auf die Preise in Schweden zur Basis der Preise in Deutschland. Es muss also der Kehrwert der Indizes gebildet werden. Hierbei wird allerdings aus dem Laspeyres- ein Paasche-Index und umgekehrt. Die Zusammenhänge entsprechen gerade den Zusammenhängen für „zeitumgedrehte" Indizes. Es gilt also:

$$L^P_{DS} = \frac{1}{P^P_{SD}} \quad \text{und} \quad P^P_{DS} = \frac{1}{L^P_{SD}}$$

Da L^P_{DS} der Kehrwert von P^P_{SD} ist, hat L^P_{DS} die Einheiten $\frac{100\text{skr}}{\text{EUR}}$. Um diesen Ausdruck dimensionslos zu machen, muss mit dem Wechselkurs, der die Einheiten $\frac{\text{EUR}}{100\text{skr}}$ hat, multipliziert werden.

a) Somit ergibt sich für die Lebenshaltungskosten nach dem deutschen Schema:

$$L^P_{DS} * WK_{SD} = \frac{WK_{SD}}{P^P_{SD}} = \frac{9{,}07 \frac{\text{EUR}}{100\text{skr}}}{7{,}10 \frac{\text{EUR}}{100\text{skr}}} = 1{,}277$$

Der Arbeiter lebt also nach dem deutschen Schema in Schweden um 27,7% teurer.

b) Nach dem schwedischen Schema ergibt sich:

$$P^P_{DS} * WK_{SD} = \frac{WK_{SD}}{L^P_{SD}} = \frac{9{,}07 \frac{\text{EUR}}{100\text{skr}}}{9{,}45 \frac{\text{EUR}}{100\text{skr}}} = 0{,}9598$$

Nach dem schwedischen Schema lebt er also um 4,02% billiger als in Deutschland.

4 Konzentration

Insbesondere im Rahmen der Wettbewerbspolitik spielt die Beobachtung der Konzentration in einzelnen Wirtschaftsbereichen eine wichtige Rolle. Die zur Beschreibung der Konzentration benutzten Größen werden nachfolgend behandelt.

4.1 Absolute Konzentration

Diese bezieht sich auf die Anzahl der Wirtschaftssubjekte, die an etwas (z. B. einem Markt) teilhaben. Wenn es beispielsweise nur einen einzigen Automobilproduzenten gäbe, so wäre auf diesem Markt die maximal mögliche Konzentration erreicht. Würde es hingegen 1000 Automobilproduzenten geben, so wäre die absolute Konzentration niedrig.

Über die tatsächlichen Anteile der einzelnen Produzenten macht die absolute Konzentration keine Aussage. Die absolute Konzentration hängt nur von der Anzahl ab.

Wenn z. B. bei 1000 Automobilproduzenten ein einziger 99% der Autos produziert, so ist die absolute Konzentration auch in diesem Fall geringer, als wenn 999 gleich große Automoibilproduzenten sich den Markt teilten.

4.2 Relative Konzentration

Die relative Konzentration gibt Informationen darüber, wie gleichmäßig oder ungleichmäßig etwas auf die teilhabenden Wirtschaftssubjekte aufgeteilt ist. Bei den 1000 Automobilproduzenten, bei denen ein einziger einen Marktanteil von 99% hat, ist die relative Konzentration sehr hoch (hohe Disparität), während sie bei den 999 gleich großen Automobilproduzenten ihren niedrigsten Wert hat (Parität). Allerdings hat die relative Konzentration auch ihren niedrigsten Wert, wenn es nur einen einzigen Automobilanbieter gibt, denn auch in diesem Fall ist die Automobilproduktion auf alle Anbieter, eben den einen, gleich verteilt.

Aus den Beispielen dürfte deutlich geworden sein, dass im Allgemeinen weder die absolute noch die relative Konzentration – für sich allein genommen – eine brauchbare Aussage über die "echte" Konzentration liefert.

4.3 Konzentrationsrate der Ordnung h

Bei dieser Konzentrationsrate handelt es sich gewissermaßen um eine Mischung aus der absoluten und der relativen Konzentration. Die Konzentrationsrate gibt an, welcher Anteil des Marktvolumens auf die h größten Wirtschaftssubjekte entfällt. Somit ergibt sich:

$$CR_h = \sum_{i=1}^{h} a_i$$

wobei a_i den Anteil des jeweiligen Wirtschaftssubjekts angibt und die Werte so geordnet sind, dass a_1 gerade den größten auftretenden Anteil darstellt.

4.4 Konzentrationskurve

Nun kann man natürlich abhängig von der Anzahl der Wirtschaftssubjekte (also der absoluten Konzentration) verschiedene Konzentrationsraten ermitteln. Wenn man die Konzentrationsraten als Funktion von h abträgt, so entsteht eine Kurve, die man Konzentrationskurve nennt. Nachfolgend wird die Konzentrationskurve an einem einfachen Beispiel dargestellt:

Angenommem, es gäbe nur 4 Automobilproduzenten, für die nachfolgend die Umsätze angegeben sind:

Ford: 20 Mrd. EUR GM: 50 Mrd. EUR

VW: 20 Md. EUR Daimler: 10 Mrd. EUR

Der Gesamtmarkt beträgt somit 100 Mrd. EUR. Für die einzelnen Firmen ergeben sich nun (indem durch den Gesamtumsatz geteilt wird) folgende Anteile a_i:

Ford: 0,2 GM: 0,5 VW: 0,2 Daimler: 0,1

Nach der Größe geordnet, ergibt sich:

$a_1 = 0{,}5$ $a_2 = 0{,}2$ $a_3 = 0{,}2$ $a_4 = 0{,}1$

Für die einzelnen Konzentrationsraten ergibt sich somit:

$CR_1 = 0{,}5$

$CR_2 = 0{,}5 + 0{,}2 = 0{,}7$

$$CR_3 = 0{,}5 + 0{,}2 + 0{,}2 = 0{,}9$$

$$CR_4 = 0{,}5 + 0{,}2 + 0{,}2 + 0{,}1 = 1$$

Der Wert für h=4 (h=n) braucht eigentlich nicht gesondert berechnet zu werden, denn der Anteil von allen zusammen muss natürlich 1 ergeben. Gezeichnet ergibt sich:

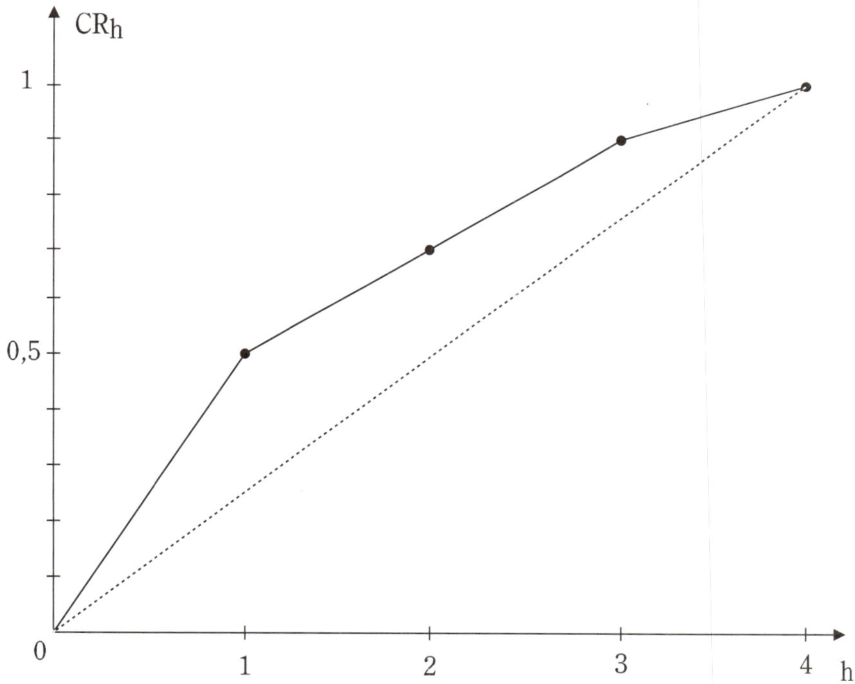

Wenn die Konzentrationskurve eine Gerade ist, bedeutet dies, dass vollständige Gleichverteilung besteht. Je stärker die Konzentrationskurve von der Geraden (gestrichelt eingezeichnet) nach "oben" abweicht, desto ungleicher ist die Verteilung.

4.5 Lorenzkurve

4.5.1 Grundlagen

Die Lorenzkurve ähnelt gewissermaßen der Konzentrationskurve, aber die Art der Darstellung unterscheidet sich etwas. Bei der Lorenzkurve werden die Werte "andersherum" aufgetragen. Zunächst wird der Wert des Wirtschaftssubjektes mit dem niedrigsten Anteil aufgetragen. In dieser Reihenfolge werden dann, wie bei der Konzentrationskurve, die anderen Werte hinzuaddiert. Auf der Abzisse (waagerechte Achse) wird aber nicht die Anzahl der jeweils aufaddierten Anteile abgetragen, sondern es wird dieser Wert geteilt durch die Gesamtzahl der Wirtschaftssubjekte (n) abgetragen. Somit ergibt sich jeweils die kumulierte Häufigkeit als Wert auf der Abzisse. Für die Darstellung ergibt sich hierdurch, außer den anderen Zahlen an der Achse, keine Änderung.

Für das vorherige Beispiel lässt sich folgende Tabelle aufstellen:

i	1	2	3	4
Anteilswerte (a_i)	0,1	0,2	0,2	0,5
aufsummiert ($\sum a_i$) y	0,1	0,3	0,5	1
kumulierte relative Häufigkeit z_i	$\frac{1}{4} = 0{,}25$	$\frac{2}{4} = 0{,}5$	$\frac{3}{4} = 0{,}75$	$\frac{4}{4} = 1$

Somit ergibt sich folgende Darstellung für die Lorenzkurve (Wie schon bei der Konzentrationskurve werden die einzelnen Punkte durch Geraden verbunden):

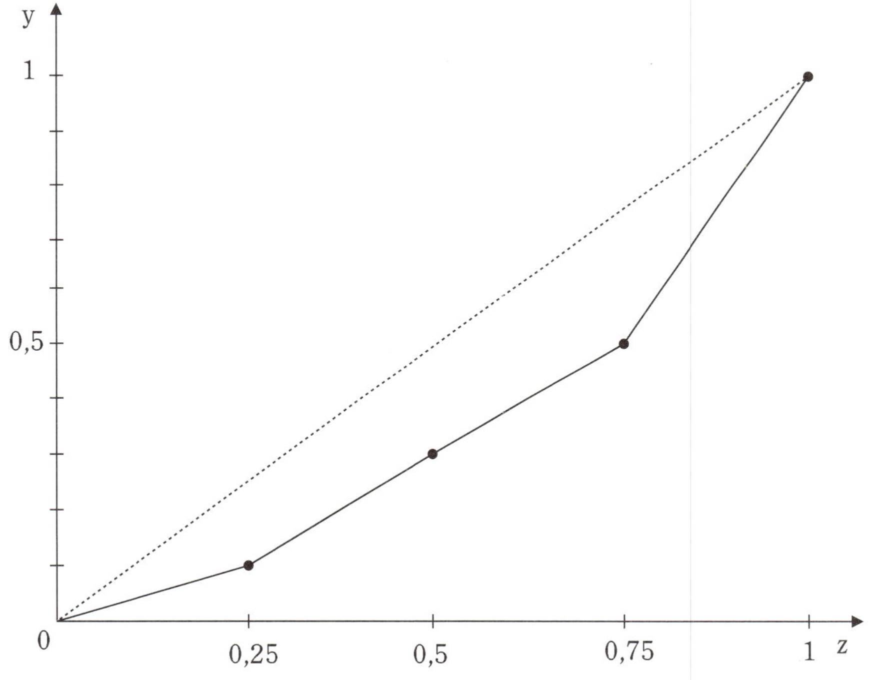

Da zunächst diejenigen Wirtschaftssubjekte mit den niedrigsten Anteilswerten aufgetragen wurden, liegt die Lorenzkurve immer unterhalb der gestrichelt eingezeichneten Diagonalen. Bei vollkommener Gleichverteilung ist die Lorenzkurve gerade identisch mit der Diagonalen. Die "ungleichste" Verteilung, vollkommene Disparität, wäre in diesem Fall von 4 Wirtschaftssubjekten gegeben, wenn einer den gesamten Autoabsatz von 100 Mrd. EUR hätte. Die Lorenzkurve hätte dann folgendes Aussehen:

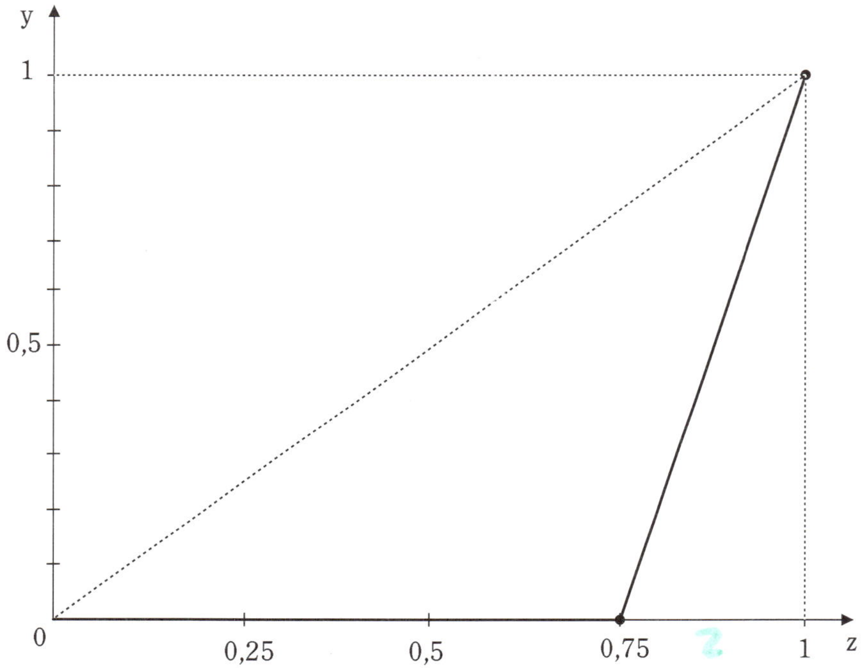

In diesem Fall erreicht die Fläche zwischen der Diagonalen und der Lorenzkurve den maximal möglichen Wert. Diese Fläche ist also im Falle der größten Disparität am größten, während bei vollkommener Parität die Lorenzkurve mit der Diagonalen identisch und somit die Größe der Fläche mit 0 am kleinsten ist.

Mittels der Fläche zwischen der Diagonalen und der Lorenzkurve wird nun auch ein Maß für die Disparität definiert, das man Gini-Koeffizient nennt.

4.5.2 Gini-Koeffizient

Der Gini-Koeffizient entspricht gerade 2∗F, wobei F die Fläche zwischen der Lorenzkurve und der Diagonalen ist.

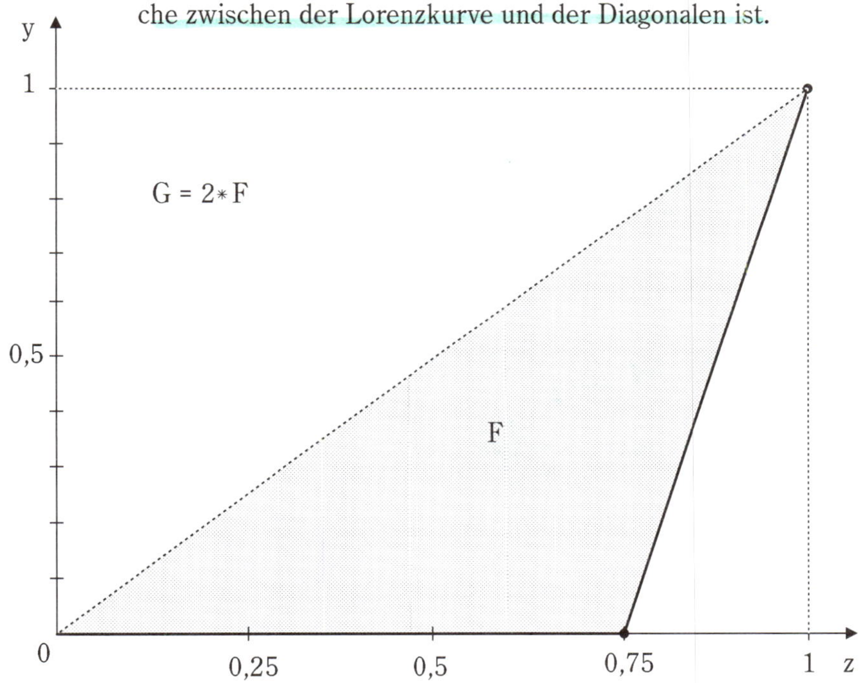

Die Fläche zwischen der Diagonalen und der Lorenzkurve wird noch mit 2 multipliziert, weil auf diese Weise erreicht wird, dass die Werte für den Gini-Koeffizienten zwischen Null und 1 liegen. Die Fläche des gesamten Quadrats ist gerade 1, somit beträgt die Fläche des unter der Diagonalen liegenden rechtwinkligen Dreiecks 0,5. Dieses Dreieck ist aber gerade die Fläche, die der Gini-Koeffizient bei vollommener Disparität als Grenzwert für ein unendlich großes n erreichen kann.

Wie berechnet man nun den Gini-Koeffizienten? Wenn man von 0,5 die Fläche unter der Lorenzkurve (U) abzieht, so ergibt sich F. Der Gini-Koeffizient ist gerade 2 mal dieser Wert, so dass sich für diesen ergibt:

$$G = 2*(0{,}5 - U) = 1 - 2U$$

Die Fläche unter der Lorenzkurve kann nun durch Summation der einzelnen Teilflächen U_i berechnet werden. Die Teilflächen ergeben sich entsprechend der nebenstehenden Darstellung folgendermaßen:

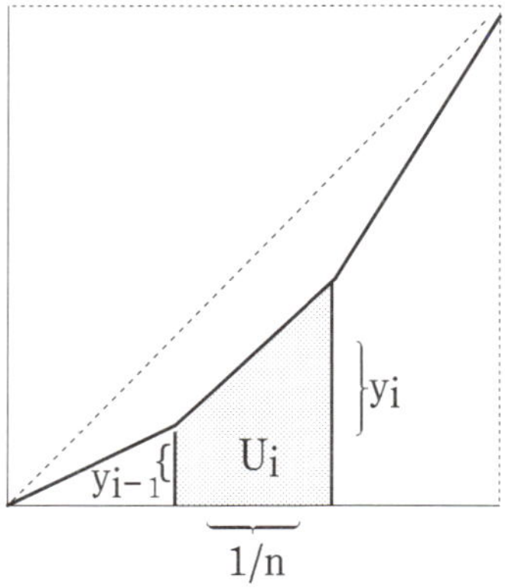

$$U_i = \frac{y_{i-1} + y_i}{2} * \frac{1}{n}$$

Für den Gini-Koeffizienten ergibt sich somit:

$$G = 1 - 2*\sum_{i=1}^{n} \frac{y_{i-1} + y_i}{2} * \frac{1}{n}$$

$$\Leftrightarrow \mathbf{G = 1 - \frac{1}{n} * \sum_{i=1}^{n} (y_{i-1} + y_i)}$$

Für das zuvor betrachtete Beispiel wird nachfolgend die berechnete Tabelle noch einmal angeführt und dann der Gini-Koeffizient berechnet.

i	1	2	3	4
Anteilswerte (a_i)	0,1	0,2	0,2	0,5
Aufsummiert ($\sum a_i = y_i$)	0,1	0,3	0,5	1
Kumulierte relative Häufigkeit z_i	$\frac{1}{4} = 0{,}25$	$\frac{2}{4} = 0{,}5$	$\frac{3}{4} = 0{,}75$	$\frac{4}{4} = 1$

Somit ergibt sich:

$$\mathbf{G} = 1 - \frac{1}{4} * ((0+0{,}1) + (0{,}1+0{,}3) + (0{,}3+0{,}5) + (0{,}5+1))$$

$$= 1 - \frac{1}{4} * 2{,}8 = \mathbf{0{,}3}$$

Der Gini-Koeffizient kann auch noch nach einer anderen Formel berechnet werden:

$$\mathbf{G = \frac{1}{n} * [\, 2 * (\sum_{i=1}^{n} i * a_i) - (n + 1)]}$$

In dieser Formel tauchen nur die Anteilswerte a_i und nicht die kumulierten Anteilswerte y_i auf. Wenn sowieso eine Lorenzkurve gezeichnet werden soll, so müssen die y_i ohnehin berechnet werden. Ist dies aber nicht der Fall, so bietet sich diese zweite Formel an, da man sich hierbei die Berechnung der y_i sparen kann. Für das betrachtete Beispiel wird nachfolgend der Gini-Koeffizient nach der zweiten Formel berechnet:

$$G = \frac{1}{4} * [2 * (1*0{,}1 + 2*0{,}2 + 3*0{,}2 + 4*0{,}5) - (4+1)]$$

$$\Leftrightarrow G = \frac{1}{4} * (6{,}2 - 5) = \frac{1}{4} * 1{,}2 = 0{,}3$$

Der Gini-Koeffizient ist bei vollommener Parität gerade Null. Welchen Wert hat der Gini-Koeffizient nun bei der höchst möglichen relativen Konzentration, wo einer alles und alle anderen nichts haben?

In der nebenstehenden Graphik ist für ein bestimmtes n (in der Zeichnung n=3) dieser Fall der höchstmöglichen relativen Konzentration eingezeichnet.

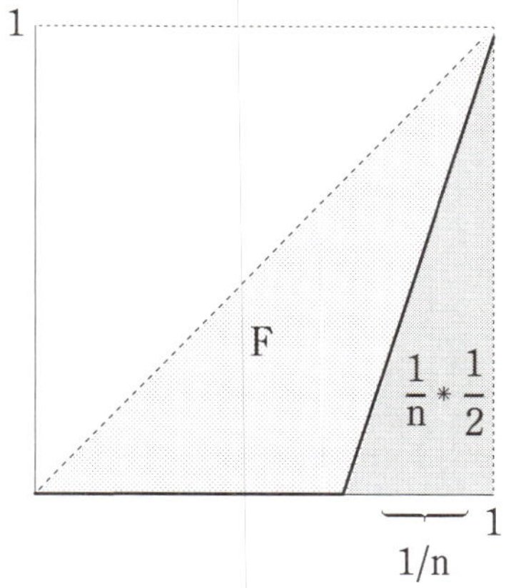

Für die Fläche des dunkleren Dreiecks ist der Wert eingetreagen. Somit ist die Fläche des helleren Dreiecks:

$$F = 0{,}5 - \frac{1}{2} * \frac{1}{n}$$

Somit gilt für G:

$$\mathbf{G = 2*F = 1 - \frac{1}{n}}$$

Der Gini-Koeffizient kann bei n=2 also maximal 0,5 betragen, während er bei n=10 Werte bis zu 0,9 annehmen kann. Bei der Interpretation eines bestimmten Gini-Koeffizienten muss dies berücksichtigt werden.

Es sei z. B. ein Gini-Koeffizient von 0,5 gegeben. Bedeutet dieser nun eine hohe oder eine niedrige relative Konzentration? Um hier eine klare Aussage treffen zu können, muss die Anzahl der beteiligten Wirtschaftssubjekte betrachtet werden. Handelt es sich nur um 2 Wirtschaftsubjekte, so steht ein Gini-Koeffizient von 0,5 für die höchst mögliche relative Konzentration; bei

100 Wirtschaftssubjekten bedeutet 0,5 hingegen eine "durchschnittliche" relative Konzentration.

4.5.3 Lorenzkurve und Gini-Koeffizient für Häufigkeitstabellen

Die Lorenzkurve und der Gini-Koeffizient sind insbesondere bei großen n sinnvolle Beschreibungsmöglichkeiten für die Konzentration. In solchen Fällen sind die Daten aber in der Regel nicht mehr für jedes Individuum einzeln angegeben, sondern in Form von Häufigkeitstabellen dargestellt. Für einen derartigen Fall wird nachfolgend die Lorenzkurve ermittelt und der Gini-Koeffizient berechnet:

In einem Ort mit 5.000 Einwohnern sei folgende Häufigkeitstabelle für die Einkommen erhoben worden:

j	x_j^u x_j^o	n_j	$\frac{n_j}{n}$	$z_j = \sum_{i=1}^{j} \frac{n_i}{n}$	Klassenmitte: x_j^*
1	0 - u. 1.000	1.000	0,2	0,2	500
2	1.000 - u. 2.000	1.200	0,24	0,44	1.500
3	2.000 - u. 3.000	1.600	0,32	0,76	2.500
4	3.000 - u. 5.000	400	0,08	0,84	4.000
5	5.000 - u. 10.000	200	0,04	0,88	7.500
6	10.000 - u. 20.000	600	0,12	1	15.000
Σ		5.000	1		

In der Tabelle sind die relativen Häufigkeiten $\frac{n_j}{n}$ und die kumulierten relativen Häufigkeiten $z_j = \sum_{i=1}^{j} \frac{n_i}{n}$ angegeben. Diese z_j müssen in der Lorenzkurve auf der waagerechten Achse abgetragen werden. Um die entsprechenden Werte auf der senkrechten (y) Achse angeben zu können, müssen die Anteile am Gesamteinkommen bis zur jeweiligen Klasse berechnet werden. Das mittlere Einkommen der jeweiligen Klasse muss hierzu, falls es nicht aus den einzelnen Daten berechnet wurde, geschätzt werden. Als Schätzwert wird die Klassenmitte gewählt. In der letzten Spalte sind die Schätzwerte angegeben.

Zunächst muss nun das Gesamteinkommen berechnet werden:

$$x^{ges} = \sum x_j^* * n_j = 500 * 1.000 + 1.500 * 1.200 + 2.500 * 1.600$$
$$+ 4.000 * 400 + 7.500 * 200 + 15.000 * 600 = 18.400.000$$

Für den Anteil der jeweiligen Klasse am Gesamteinkommen gilt somit:

$$\text{Anteil}_j = \frac{x_j^* * n_j}{\sum x_j^* * n_j} = \frac{x_j^* * n_j}{18.400.000}$$

Dieser Wert und die kumulierten Anteilswerte sind in der folgenden Tabelle berechnet:

j	x_j^u	x_j^o	n_j	$\frac{n_j}{n}$	z_j	x_j^*	$\frac{x_j^* * n_j}{\sum x_j^* * n_j}$	$y_j = \sum_i \frac{x_i^* * n_i}{\sum x_i^* * n_i}$
1	0 -	u. 1.000	1.000	0,2	0,2	500	0,027	0,027
2	1.000 -	u. 2.000	1.200	0,24	0,44	1.500	0,098	0,125
3	2.000 -	u. 3.000	1.600	0,32	0,76	2.500	0,217	0,342
4	3.000 -	u. 5.000	400	0,08	0,84	4.000	0,087	0,429
5	5.000 -	u. 10.000	200	0,04	0,88	7.500	0,082	0,511
6	10.000 -	u. 20.000	600	0,12	1	15.000	0,489	1

Die jeweiligen z_j und y_j werden jetzt als Punkte in das Lorenzkurvendiagramm eingetragen. Die Lorenzkurve ergibt sich dann als Verbindung dieser Punkte. Auf der folgenden Seite ist das Diagramm dargestellt.

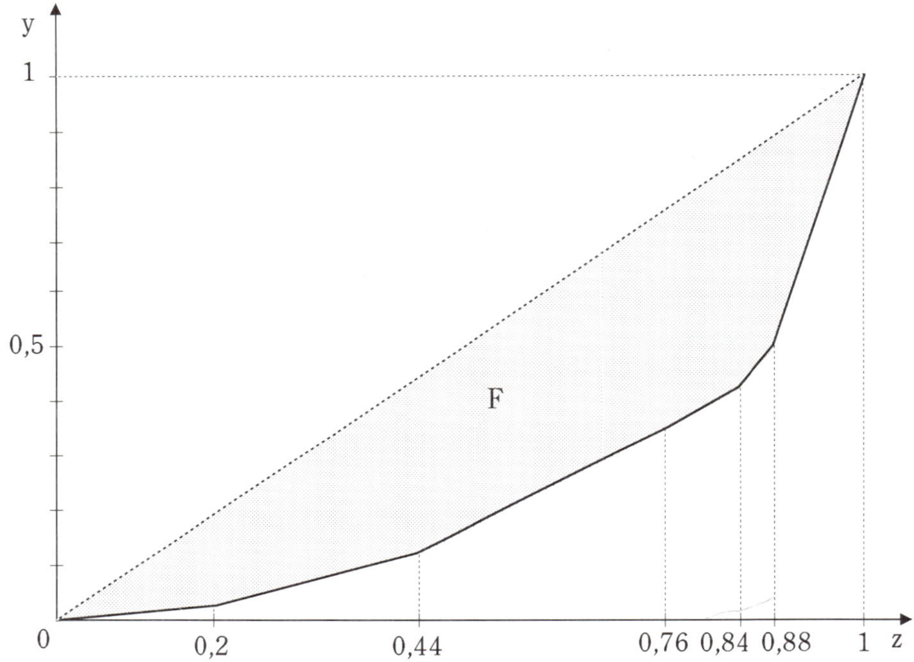

Für den Gini-Koeffizienten war zuvor folgende Formel hergeleitet worden:

$$G = 1 - \frac{1}{n} * \sum_{i=1}^{n} (y_{i-1} + y_i)$$

Die jeweiligen Werte kommen nun entsprechend den Angaben in der Häufigkeitstabelle n_j mal vor, so dass man schreiben kann:

$$G = 1 - \frac{1}{n} * \sum_{j=1}^{n} (y_{j-1} + y_j) * n_j = 1 - \sum_{j=1}^{n} (y_{j-1} + y_j) * \frac{n_j}{n}$$

Im zweiten Schritt wurde das $\frac{1}{n}$ lediglich in die Summe hineingezogen. Der Index wurde in j umbenannt, weil die einzelnen Klassen zuvor mit diesem Index nummeriert wurden. Natürlich hätte man auch genauso gut weiterhin über den Index i summieren können.

Für das Beispiel ergibt sich nun:

$$G = 1 - [(0+0{,}027)*0{,}2 + (0{,}027+0{,}125)*0{,}24 + (0{,}125+0{,}342)*0{,}32 + (0{,}342+0{,}429)*0{,}08 + (0{,}429+0{,}511)*0{,}04 + (0{,}511+1)*0{,}12]$$

$$= 0{,}528$$

4.6 Herfindahl-Hirschman-Koeffizient

Hierbei handelt es sich um ein sehr einfaches Konzentrationsmaß. Der Koeffizient ergibt sich als Summe der Quadrate der Anteilswerte:

$$H = \sum_{i=1}^{n} a_i^2$$

Im Falle von Parität sind alle Anteilswerte identisch ($a_i = \frac{1}{n}$). Somit ergibt sich in diesem Fall:

$$H = \sum_{i=1}^{n} \frac{1}{n^2} = n * \frac{1}{n^2} = \frac{1}{n}$$

Bei vollkommener Disparität ist ein a_i gerade 1, während alle anderen a_i gleich 0 sind. In diesem Fall ergibt sich für den Koeffizienten:

$$H = 1^2 + 0^2 + 0^2 + \ldots = 1$$

Der Herfindahl-Hirschman-Koeffizient, auch Herfindahl-Index genannt, nimmt also Werte zwischen $\frac{1}{n}$ und 1 an. Für das zuvor schon betrachtete Beispiel der 4 Automobilproduzenten wird nachfolgend der Herfindahl-Hirschman-Koeffizient berechnet:

$$a_1 = 0{,}5 \qquad a_2 = 0{,}2 \qquad a_3 = 0{,}2 \qquad a_4 = 0{,}1$$

$$\Rightarrow H = 0{,}5^2 + 0{,}2^2 + 0{,}2^2 + 0{,}1^2 = 0{,}34$$

Der Gini-Koeffizient hatte für dieses Beispiel 0,3 betragen, allerdings sind die beiden Werte kaum miteinander vergleichbar. Der Herfindahl-Hirschman-Koeffizient berücksichtigt im Gegensatz zum Gini-Koeffizienten neben der relativen auch die absolute Konzentration.

Man kann nun zu einem errechnetem Herfindahl-Hirschman-Koeffizienten die Anzahl von Wirtschaftssubjekten ermitteln, für die sich dieser Koeffizient bei Parität ergeben würde. Bei Parität beträgt der Koeffizient $\frac{1}{n}$. Somit ergibt sich:

$$H = \frac{1}{n} \Leftrightarrow n = \frac{1}{H}$$

Dieses n nennt man **Äquivalenzzahl** und bezeichnet es mit N_H.

Es gilt also:

$$N_H = \frac{1}{H}$$

Für die 4 Autofirmen ergibt sich:

$$N_H = \frac{1}{0{,}34} = 2{,}94$$

Die Äquivalenzzahl beträgt also etwa 3. Die Konzentration bei den 4 Autofirmen ist also etwa so groß, wie die Konzentration wäre, wenn es nur 3 Autofirmen gäbe, die alle 1/3 des Marktes hätten.

Besonders deutlich wird die Sinnhaftigkeit dieser Äquivalenzzahl, wenn vollkommene Disparität herrscht. Angenommen, es seien 100 Wirtschaftssubjekte vorhanden, bei denen einer alles hat (a_1=1) und alle anderen nichts haben. Für den Herfindahl-Hirschman-Koeffizient ergibt sich in diesem Fall:

$$H = 1$$

hieraus ergibt sich für die Äquivalenzzahl $N_H = \frac{1}{1} = 1$

Die Konzentration entspricht also der Situation, in der nur ein einziges Wirtschaftssubjekt gegeben ist.

Bezüglich des Gini-Koeffizienten wären die beiden Fälle keinesfalls als gleichwertig einzuschätzen. Für die 100 Wirtschaftssubjekte mit vollkommener Disparität ergibt sich ein Gini-Koeffizient von 0,99, bei einem einzigen Wirtschaftssubjekt beträgt der Gini-Koeffizient hingegen 0. An diesem Beispiel wird besonders deutlich, dass der Gini-Koeffizient nur die relative Konzentration misst, während der Herfindahl-Hirschman-Koeffizient auch die absolute Konzentration mit berücksichtigt.

Der Herfindahl-Hirschman-Koeffizient kann auch noch auf eine andere Weise ausgedrückt werden:

Für den **Mittelwert** (arithmetisches Mittel) einer Verteilung gilt:

$$\bar{x} = \frac{1}{n} * \sum_{i=1}^{n} x_i$$

Die empirische **Varianz** ergibt sich zu:

$$s^2 = \frac{1}{n} * \sum_{i=1}^{n} x_i^2 - \bar{x}^2$$

Aus diesen beiden Größen wird der **Variationskoeffizient** definiert:

$$V = \frac{s}{\bar{x}}$$

Mittels des Variationskoeffizienten kann der Herfindahl-Hirschman-Koeffizient nun folgendermaßen ausgedrückt werden:

$$H = \frac{1}{n} * (V^2 + 1)$$

Dieser Zusammenhang lässt sich folgendermaßen zeigen:

$$H = \frac{1}{n} * (V^2 + 1) = \frac{1}{n} * \left(\frac{\frac{1}{n} * \sum_{i=1}^{n} x_i^{\,2} - \bar{x}^2}{\bar{x}^2} + 1 \right)$$

$$= \frac{1}{n} * \left(\frac{\frac{1}{n} * \sum_{i=1}^{n} x_i^{\,2}}{\bar{x}^2} - \frac{\bar{x}^2}{\bar{x}^2} + 1 \right) = \frac{1}{n} * \frac{\frac{1}{n} * \sum_{i=1}^{n} x_i^{\,2}}{\left(\frac{1}{n} * \sum_{i=1}^{n} x_i \right)^2}$$

$$= \frac{\sum_{i=1}^{n} x_i^{\,2}}{\left(\sum_{i=1}^{n} x_i \right)^2} = \sum_{i=1}^{n} \frac{x_i^{\,2}}{\left(\sum_{i=1}^{n} x_i \right)^2} = \sum_{i=1}^{n} \left(\frac{x_i}{\sum_{i=1}^{n} x_i} \right)^2 = \sum_{i=1}^{n} a_i^{\,2} = H$$

Wenn für die Daten der Mittelwert und die Varianz (bzw. die Standardabweichung) bekannt ist, kann also direkt aus diesen Größen der Herfindahl-Hirschman-Koeffizient berechnet werden.

Natürlich kann die gefundene Gleichung auch nach dem Variationskoeffizienten aufgelöst werden:

$$H = \frac{1}{n} * (V^2 + 1) \Leftrightarrow n * H = V^2 + 1 \Leftrightarrow V^2 = n * H - 1$$

$$\Leftrightarrow \mathbf{V} = \sqrt{\mathbf{n * H - 1}}$$

5 Deskriptive Zeitreihenanalyse

5.1 Grundlagen

Wenn man eine bestimmte Größe zu verschiedenen Zeitpunkten misst, entsteht eine Zeitreihe. Die einzelnen Werte der Zeitreihe seien mit y_t bezeichnet, wobei der Index t für die Zeit steht.

Es sei nachfolgend die Zeitreihe des Bruttoinlandsproduktes von 1970 bis 1997 betrachtet, jeweils in Mio. DM. Die einzelnen Werte lauten[1]:

Jahr (t)	y_t
1970	1543200
1971	1590400
1972	1658000
1973	1737000
1974	1740400
1975	1718600
1976	1810100
1977	1861600
1978	1917400
1979	1998400
1980	2018000
1981	2020000
1982	2001000
1983	2036200
1984	2093500
1985	2136000
1986	2186100
1987	2218400
1988	2301000
1989	2384400
1990	2520400
1991	2647600
1992	2694300
1993	2639100
1994	2694000
1995	2733700
1996	2769000
1997	2831000

1: Quelle: http://www.hamburg.de/Behoerden/StaLa/band10/Port8Tab2–1.htm

Im Folgenden ist der Zusammenhang grafisch dargestellt worden:

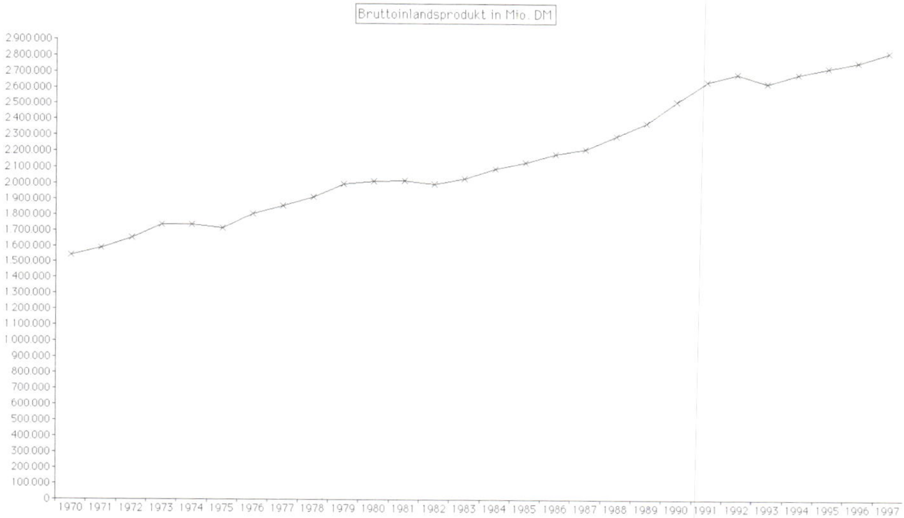

Die Bedeutung der Zeitreihenanalyse für die Ökonomie wird anhand dieses Beispiels schon recht deutlich. Die Ökonometrie ist ein spezieller Zweig der Statistik, der sich mit der Analyse derartiger ökonomischer Zeitreihen beschäftigt.

Auch Aktienkurse stellen Zeitreihen dar, als Beispiel ist nebenstehend der 3-Jahres-Chart (12/99 - 11/01) der EM.TV-Aktie angeführt. (Quelle: http://www.onvista.de) Somit gehört auch die Analyse von Aktienkursen in den Bereich der Zeitreihenanalyse.

Es muss allerdings angemerkt werden, dass im Rahmen dieser Ausarbeitung nur einige Ansätze zur deskriptiven (beschreibenden) Zeitreihenanalyse behandelt werden.

Weiterhin sei darauf hingewiesen, dass natürlich auch bei naturwissenschaftlichen Experimenten Zeitreihen gemessen werden, denn die einzelnen Messwerte werden nacheinander erhoben. Ein idealtypisches Experiment soll allerdings unter den gleichen Rahmenbedingungen jederzeit wiederholbar sein, dies bedeutet, dass es keine Rolle spielt, in welcher Reihenfolge man die Messungen durchführen würde. Bei den hier angeführten Zeitreihen spielt aber die Reihenfolge der Werte eine entscheidende Rolle.

5.2 Komponentenmodelle

Bei den Komponentenmodellen versucht man den Verlauf der Zeitreihe aus verschiedenen Komponenten zu erklären. Nachfolgend ist eine künstlich produzierte Zeitreihe angeführt. Zur Erstellung dieser Zeitreihe wurde ein linearer Trend mit einem saisonalen Trend überlagert.

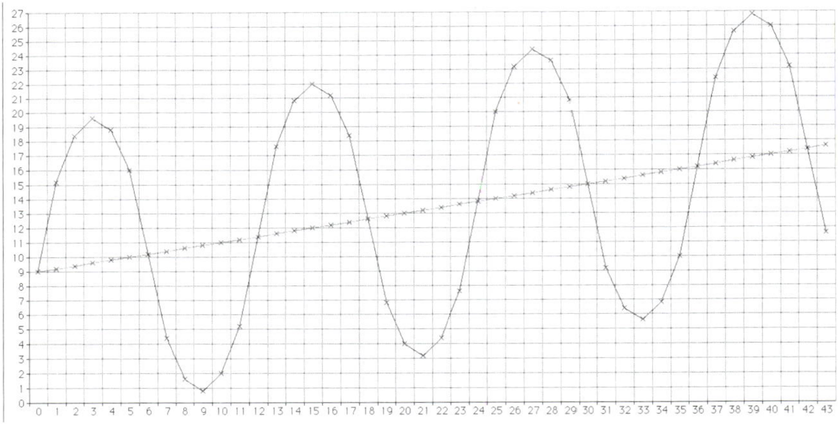

Die Periode der Zeitreihe beträgt 12 Zeiteinheiten. Wenn man unterstellt, dass es sich bei den dargestellten Zeiteinheiten um Monate handelt, so spiegelt die Zeitreihe einen Saisonverlauf für die betrachtetten Jahre wider. Die dargestellte idealtypische Zeitreihe kann man vollkommen in den eingezeichneten linearen Trend und eine Saisonkomponente, die die Schwankung um diesen Trend modelliert, zerlegen. Natürlich werden Zeitreihen normalerweise nicht vollständig durch derartige Trend- und Saisonkomponenten erklärbar sein, aber ein beachtlicher Anteil der in der Zeitreihe vorhandenen Varianz lässt sich oft doch durch derartige Komponenten erklären.

Nachfolgend werden zunächst die Trend- und anschließend die Saisonkomponenten behandelt.

5.2.1 Trendkomponente

5.2.1.1 Lineare Regression

Bei der linearen Regression wird eine Gerade ermittelt, so dass die verbleibende Abweichung zu dieser Geraden minimiert wird. Hierbei wird die **Methode der kleinsten Quadrate** verwendet. Nachfolgend sind die Punkte einer Zeitreihe und die Regressionsgerade eingezeichnet. Der Abstand der einzelnen Punkte zu der Regressionsgeraden (hierbei handelt es sich um den Abstand in y-Richtung) wird mit e_i bezeichnet.

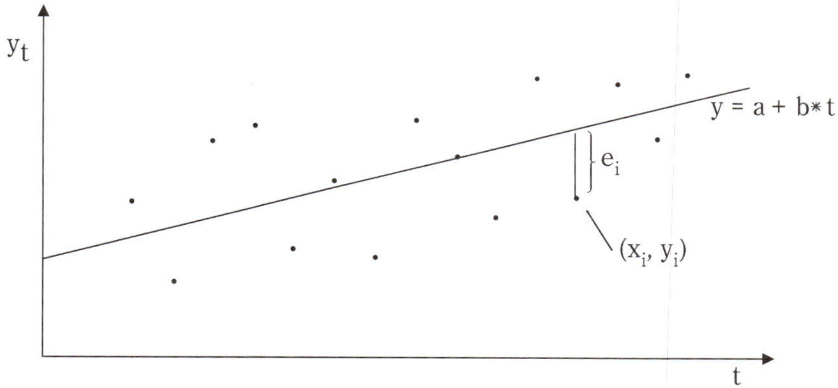

In der nachfolgenden Graphik ist für den betrachteten Fall der Verlauf der Zeitreihe deutlich gemacht worden.

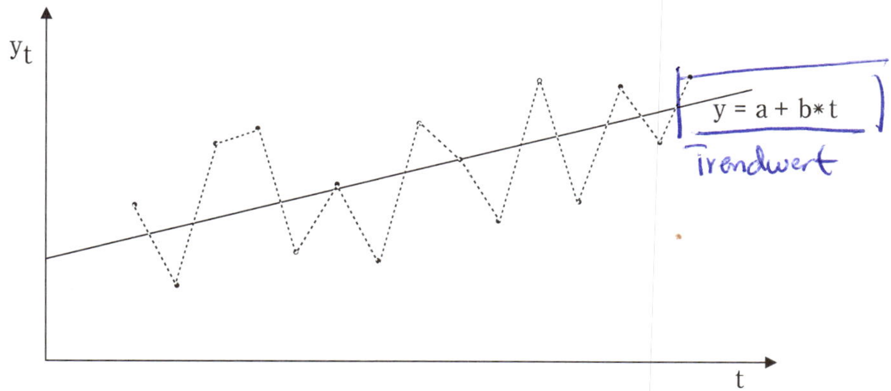

Für die Bestimmung der Regressionsgeraden bilden die Varianzen und die

Kovarianz den Ausgangspunkt. Es gilt:

Varianz: $Var(t) = s_t^2 = \frac{1}{n}\sum_{t=1}^{n}(t - \overline{t})^2 = \frac{1}{n}\sum_{t=1}^{n} t^2 - \overline{t}^2$

$Var(y) = s_y^2 = \frac{1}{n}\sum_{t=1}^{n}(y_t - \overline{y})^2 = \frac{1}{n}\sum_{t=1}^{n} y_t^2 - \overline{y}^2$

Kovarianz: $cov(t, y) = s_{ty} = \frac{1}{n}\sum_{t=1}^{n}(t - \overline{t})(y_t - \overline{y}) = \frac{1}{n}\sum_{t=1}^{n} t * y_t - \overline{t} * \overline{y}$

Oft sind bei Klausuraufgaben bereits die Summen der y_i, y_i^2, etc. angegeben. Mittels dieser Summen können dann die Mittelwerte, Varianzen und die Kovarianz berechnet werden. Wenn die Summen noch nicht oder noch nicht alle angegeben sind, dann können die folgenden Tabellen nützlich sein.

	t	y_t	$t - \overline{t}$	$y_t - \overline{y}$	$(t - \overline{t})^2$	$(y_t - \overline{y})^2$	$(t - \overline{t})(y_t - \overline{y})$
	... ...	... ...	... ...	... ...	... ...	... ...	... ...
Σ	Σt	Σy_i			$\Sigma(t - \overline{t})^2$	$\Sigma(y_t - \overline{y})^2$	$\Sigma(x_i - \overline{x}) * (y_i - \overline{y})$
$\frac{1}{n}\Sigma$	$= \overline{t}$	$= \overline{y}$			$= s_t^2$	$= s_y^2$	$= s_{ty}$

In der letzten Zeile werden die berechneten Summen jeweils durch n geteilt, somit erhält man in der Zeile die arithmetischen Mittelwerte ($\overline{t}$ und $\overline{y}$), die Varianzen ($s_t^2 = Var(t)$ und $s_y^2 = Var(y)$) und die Covarianz ($s_{ty} = cov(t, y)$).

Alternativ zu der vorherigen Tabelle kann man auch zuerst die Summen der Quadrate der t und y_i berechnen. Für diesen Fall ergibt sich folgende Tabelle:

	t	y_t	t^2	y_t^2	$t * y_t$
	... ...	... ...	... ...	... ...	... ...
Σ	Σt	Σy_t	Σt^2	Σy_t^2	$\Sigma t * y_t$
	$\frac{1}{n}\Sigma t$ $= \overline{t}$	$\frac{1}{n}\Sigma y_t$ $= \overline{y}$	$(\frac{1}{n}\Sigma t^2) - \overline{t}^2$ $= s_t^2$	$(\frac{1}{n}\Sigma y_t^2) - \overline{y}^2$ $= s_y^2$	$(\frac{1}{n}\Sigma t * y_t) - \overline{t} * \overline{y}$ $= s_{ty}$

Mit der zweiten angegebenen Tabelle ist die Berechnung etwas einfacher, weil man sich das Bilden der einzelnen Differenzen erspart.

Die beiden Koeffizienten der Regressionsgeraden (a, b) nennt man **Regressionskoeffizienten.** Diese errechnet man folgendermaßen:

$$b = \frac{s_{ty}}{s_t^2}$$

$$a = \bar{y} - b * \bar{t}$$

b gibt die Steigung der Regressionsgeraden an. Wenn sich t um eine Einheit verändert, dann verändert sich y im Mittel um b Einheiten.

a ist der Achsenabschnitt der Regressionsgeraden, also ihr Schnittpunkt mit der y-Achse. Wenn t den Wert 0 hat, erwartet man für y gerade den Wert a.

Die Stärke des Zusammenhanges zwischen t und y wird durch den **Korrelationskoeffizienten** (r bzw. r_{ty}) angegeben:

$$r = \frac{s_{ty}}{s_t * s_y}$$

5.2.1.2 Gleitende Durchschnitte

Mittels gleitender Durchschnitte wird die Zeitreihe geglättet. Hierbei wird jeweils ein Durchschnittswert aus mehreren Werten der Zeitreihe gebildet. Wie viele Werte der Zeitreihe zur Bildung der Durchschnitte herangezogen werden, gibt die **Ordnung** des gleitenden Durchschnittes an. Bei einem gleitenden Durchschnitt der 5. Ordnung werden z. B. jeweils 5 Werte der Zeitreihe benutzt, um einen Durchschnittswert zu bilden. Die gleitenden Durchschnitte seien im Folgenden mit $y_{q,t}$ bezeichnet, wobei q jeweils die Ordnung des gleitenden Durchschnitts angibt (es ist auch die allgemeine Bezeichnung y_t^* gebräuchlich).

Nachfolgend ist ein Ausschnitt aus der bereits angeführten Tabelle für das Bruttoinlandsprodukt angeführt (y_t = Bruttoinlandsprodukt in Mio. DM).

Jahr	y_t
1990	2520400
1991	2647600
1992	2694300
1993	2639100
1994	2694000
1995	2733700
1996	2769000
1997	2831000

Für 1994 soll nun der gleitende Durchschnitt der Ordnung 5 bestimmt werden. Es bietet sich an, zur Berechnung dieses Wertes die Daten von 1992, 1993, 1994, 1995 und 1996 zu verwenden, so dass 1994 gerade das mittlere Jahr ist. Bei dieser Berechnung ergibt sich:

$$y_{5,1994} = \frac{2694300 + 2639100 + 2694000 + 2733700 + 2769000}{5} = 2706020$$

Wie wird nun ein gleitender Durchschnitt mit einer geraden Ordnung, also beispielsweise mit der 4. Ordnung, berechnet? Auch in diesem Fall sei der Wert für 1994 betrachtet. Es ist weder befriedigend, die Werte von 1992 bis 1995, noch die Werte von 1993 bis 1996 zu verwenden. Einen sinnvollen Ansatz erhält man, indem man die Werte von 1993 bis 1995 addiert und dann zusätzlich die Hälfte der Werte von 1992 und 1996 hinzuzählt. Auf diese Weise ergibt sich:

$$y_{4,1994} = \frac{\frac{1}{2} * 2694300 + 2639100 + 2694000 + 2733700 + \frac{1}{2} * 2769000}{4} = 2699612$$

Formal dargestellt ergeben sich die gleitenden Durchschnitte folgendermaßen:

ungerade Ordnung: $q = 2k + 1$:

$$y_{q,t} = \frac{1}{2k+1} \sum_{i=-k}^{+k} y_{t+i}$$

gerade Ordnung: $q = 2k$:

$$y_{q,t} = \frac{1}{2k} * \left(\frac{1}{2} * y_{t-k} + \sum_{i=-k+1}^{k-1} y_{t+i} + \frac{1}{2} * y_{t+k} \right)$$

Wenn der erste Wert der Zeitreihe für t = 1 und der letzte für t = T gegeben ist, so sind die angeführten gleitenden Durchschnitte für $k+1 \leqq t \leqq T - k$ definiert.

In der folgenden Tabelle sind für die zuvor betrachtete Tabelle die gleitenden Durchschnitte der Ordnung 4 und 5 ausgerechnet worden:

Jahr	y_t	$y_{4,t}$	$y_{5,t}$
1990	2520400	–	–
1991	2647600	–	–
1992	2694300	2647050	2639080
1993	2639100	2679513	2681740
1994	2694000	2699613	2706020
1995	2733700	2732938	2733360
1996	2769000	–	–
1997	2831000	–	–

Wie man sieht, lassen sich mit den hier betrachteten Daten von 1990 bis 1997 nur für die Jahre 1992 bis 1995 die gleitenden Durchschnitte der 4. und 5. Ordnung ausrechnen. Wenn man also gleitende Durchschnitte in der dargestellten Weise berechnet, fehlen einem stets die aktuellen Werte für die gleitenden Durchschnitte.

Der zuvor beschriebene Nachteil wird durch einen anderen Ansatz zur Bildung von gleitenden Durchschnitten beseitigt. Hierbei wird der gleitende Durchschnitt der Ordnung q berechnet, indem man den Durchschnitt der letzten q-Werte der Zeitreihe bildet. Der gleitende Durchschnitt der Ordnung 4 für 1997 ergäbe sich somit also als der Durchschnitt der Werte der Zeitreihe für 1997, 1996, 1995 und 1994. Bei dieser Art der Durchschnittsbildung braucht man auch nicht zwischen Durchschnitten gerader und ungerader Ordnung zu unterscheiden. Wenn bei Aktien-Charts gleitende Durchschnitte betrachtet werden, so handelt es sich stets um diese Variante.

5.2.2 Saisonkomponente

Zahlreiche wirtschaftliche Größen haben einen periodischen Verlauf, wobei insbesondere die Periode von einem Jahr von Bedeutung ist. Hier spielt natürlich der Einfluss der Witterung auf das Wirtschaftsleben eine Rolle.

Wenn man lediglich Jahreswerte vorliegen hat, so macht es wenig Sinn, diese auf eine Saisonkomponente hin zu untersuchen, wenn hingegen Monats- oder Quartalszahlen vorliegen, so lässt sich oft ein Teil der Schwankungen der Zeitreihe auf eine Saisonkomponente zurückführen. Als typisches Beispiel sei an dieser Stelle auf die Arbeitsmarktstatistik verwiesen, es macht wenig Sinn, jeden Anstieg der Arbeitslosenrate im Herbst als negativ und jede Abnahme im Frühjahr als positiv zu bewerten. Die interessante Frage ist, ob die Zu- oder Abnahme stärker als der „normale" saisonale Verlauf ist?

Es seien die Bauinvestitionen[1] von 1992 bis 1996 betrachtet:

t	Quartal	y_t (Mrd. DM)
1	1/92	87,21
2	2/92	107,00
3	3/92	109,42
4	4/92	103,94
5	1/93	90,61
6	2/93	113,82
7	3/93	117,05
8	4/93	106,26
9	1/94	101,33
10	2/94	125,00
11	3/94	126,70
12	4/94	118,49
13	1/95	108,27
14	2/95	131,23
15	3/95	130,43
16	4/95	118,02

Nachfolgend ist die Zeitreihe grafisch dargestellt. Es lässt sich aus der Darstellung vermuten, dass sich die Zeitreihe recht gut durch einen linearen Trend und eine zusätzliche additive Saisonkomponente beschreiben lässt.

1: Quelle für die Daten: Sachverständigenrat zur Beurteilung der gesamtwirtschaftlichen Entwicklung: Jahresgutachten 1996/1997: Reformen voranbringen; 1996; S.381 f.

In der folgenden Tabelle wird für die Trendkoponente ein gleitender Durchschnitt der Ordnung 4 bestimmt.[1]

t	Quartal	y_t	$y_{4,t}$
1	1/92	87,21	
2	2/92	107	
3	3/92	109,42	102,32
4	4/92	103,94	103,6
5	1/93	90,61	105,4
6	2/93	113,82	106,65
7	3/93	117,05	108,28
8	4/93	106,26	111,01
9	1/94	101,33	113,62
10	2/94	125	116,35
11	3/94	126,7	118,75
12	4/94	118,49	120,39
13	1/95	108,27	121,64
14	2/95	131,23	122,05
15	3/95	130,43	
16	4/95	118,02	

Bei der Berechnung kann man in die zuvor angegebene Formel einsetzen. Nun kann man zunächst ermitteln, wie stark in der jeweiligen Saison die Werte im Mittel von dem gleitenden Durchschnitt abweichen. Für das erste Quartal hat man z. B. folgende Werte:

t	Quartal	y_t	$y_{4,t}$	Δ
1	1/92	87,21		
5	1/93	90,61	105,4	-14,79
9	1/94	101,33	113,62	-12,29
13	1/95	108,27	121,64	-13,37

1: Man hätte die Trendkomponente natürlich auch anders modellieren können. Ein gleitender Durchschnitt der Ordnung 4 bietet sich aber an, der saisonale Effekt über das Jahr wird durch diesen Trend geglättet.

Für 1/92 fehlt der Vergleichswert, daher wird nur für die verbleibenden 3 Werte die Differenz aus dem Wert der Zeitreihe und dem zugehörigen gleitenden Durchschnitt bestimmt. Diese ist in der letzten Spalte der Tabelle ($\triangle$) berechnet worden. Nun muss die durchschnittliche Abweichung bestimmt werden. Es ergibt sich:

$$\triangle_1^* = \frac{-14{,}79 - 12{,}29 - 13{,}37}{3} = -13{,}48$$

Auf diese Weise kann man auch für die anderen Quartale die Durchschnitte ermitteln. Es ergibt sich:

$\triangle_2^* = 8{,}34$ $\triangle_3^* = 7{,}94$ $\triangle_4^* = -2{,}10$

In der folgenden Tabelle sind diese Werte jeweils bei dem zugehörigen Quartal eingetragen worden.

t	Quartal	y_t	$y_{4,t}$	$\triangle_t = y_t - y_{4,t}$	$\triangle^*_{Quartal}$	s_t
1	1/92	87,21				
2	2/92	107				
3	3/92	109,42	102,32	7,10	7,94	7,77
4	4/92	103,94	103,6	0,35	-2,10	-2,28
5	1/93	90,61	105,40	-14,79	-13,48	-13,66
6	2/93	113,82	106,65	7,18	8,34	8,16
7	3/93	117,05	108,28	8,78	7,94	7,77
8	4/93	106,26	111,01	-4,75	-2,10	-2,28
9	1/94	101,33	113,62	-12,29	-13,48	-13,66
10	2/94	125	116,35	8,65	8,34	8,16
11	3/94	126,7	118,75	7,95	7,94	7,77
12	4/94	118,49	120,39	-1,90	-2,10	-2,28
13	1/95	108,27	121,64	-13,37	-13,48	-13,66
14	2/95	131,23	122,05	9,18	8,34	8,16
15	3/95	130,43				
16	4/95	118,02				
				Mittel $\triangle^*_{Quartal} = 0{,}17$		

Ganz unten in der Tabelle ist außerdem der Mittelwert der $\triangle^*_{Quartal}$ bestimmt worden, dieser beträgt 0,17. Um diesen Wert müssen die ermittelten durchschnittlichen Abweichungen noch korrigiert werden, um die Saisonkomponente zu erhalten. Dieser Wert muss also von den $\triangle^*_{Quartal}$ jeweils abgezogen werden. Auf diese Weise erhält man die in der letzten Spalte der Tabelle dargestellte Saisonkomponente s_t (die angeführten Werte wurden auf zwei Nachkommastellen gerundet).

5.3 Prognosen

Von ganz besonderem Interesse ist natürlich, aus Zeitreihen Prognosen für die zukünftige Entwicklung zu ermitteln. Hierbei gibt es viele verschiedene Ansätze. Nachfolgend soll lediglich eine Prognose mittels der linearen Regression betrachtet werden. Wenn man eine Zeitreihe ohne eine ausgeprägte Saisonstruktur vorliegen hat, die einem linearen Trend folgt, so kann man für die gesamte Zeitreihe ein Regressionsmodell berechnen und dann die Prognose mittels Einsetzen in die Regressionsgerade ermitteln. Wenn eine ausgeprägte Saisonkomponente vorliegt, so lässt sich ein einfaches Regressionsmodell aufstellen, indem man nur für die Daten der jeweiligen Saison eine Regression berechnet.[1] Nachfolgend soll auf diese Art bei der bereits zuvor betrachteten Zeitreihe der Bauinvestitionen eine Prognose für das 1. Quartal 1996 ermittelt werden. Ausgangspunkt sind die Daten aus den ersten Quartalen der vorherigen Jahre:

t	Quartal	y_t
1	1/92	87,21
5	1/93	90,61
9	1/94	101,33
13	1/95	108,27

Zur Berechnung der relevanten Größen wird nachfolgend die im Abschnitt zu der linearen Regression dargestellte Tabelle verwendet:

	t	y_t	t^2	y_t^2	$t*y_t$
	1	87,21	1	7605,58	87,21
	5	90,61	25	8210,17	453,05
	9	101,33	81	10267,77	911,97
	13	108,27	169	11722,39	1407,51
$\sum$	28	387,42	276	37805,92	2859,74
	7 $=\frac{1}{n}\sum t$ $=\bar{t}$	96,86 $=\frac{1}{n}\sum y_t$ $=\bar{y}$	20 $=(\frac{1}{n}\sum t^2)-\bar{t}^2$ $=s_t^2$	70,59 $=(\frac{1}{n}\sum y_t^2)-\bar{y}^2$ $=s_y^2$	36,95 $=(\frac{1}{n}\sum t*y_t)-\bar{t}*\bar{y}$ $=s_{ty}$

Für die Regressionskoeffizienten ergibt sich nun:

$$b = \frac{s_{ty}}{s_t^2} = \frac{36,95}{20} = 1,84$$

1: In diesem Fall benutzt man natürlich nur einen Teil der Informationen der Zeitreihe für die Prognose. Mit komlexeren Modellen können auch weitere Informationen aus der Zeitreihe für die Prognose genutzt werden.

$$a = \bar{y} - b * \bar{t} = 96{,}86 - 1{,}84 * 7 = 83{,}98$$

Die Regressionsgerade lautet somit:

$$y = 83{,}98 + 1{,}84 * t$$

Für das 1 Quartal 1996 (t=17) ergibt sich also folgende Prognose:

$$y_{17,Prognose} = 83{,}98 + 1{,}84 * 17 = 115{,}26$$

In der folgenden Darstellung ist die Regressionsgerade mit dem entsprechenden Prognosewert für t=17 eingezeichnet. In dem zuvor bereits zitierten Jahresgutachten des Sachverständigenrates war aber auch der tatsächliche Wert der Bauinvestitionen für das 1. Quartal 1996 angegeben, sie betrugen 94,93 Mrd. DM. Auch dieser Wert wurde in der Zeichnung dargestellt.

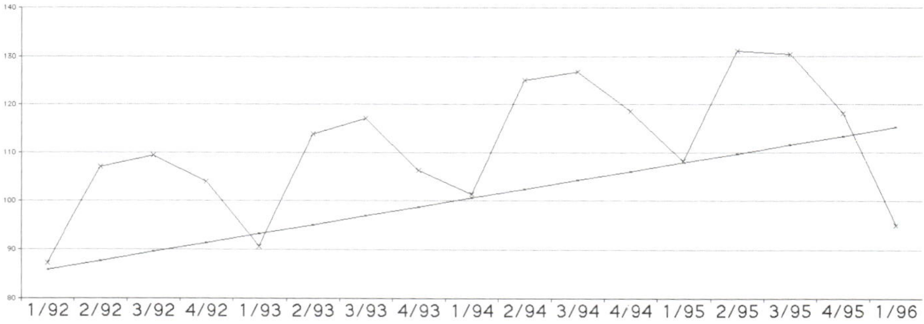

In diesem Fall war die Prognose durch die Regression also keinesfalls befriedigend. Dies mag insofern überraschen, als in den vorherigen Jahren die Regressionsgerade die Werte im ersten Quartal recht gut beschreibt (für den Regressionskoeffizienten ergibt sich r = 0,983).

Schon bei dem angeführten einfachen Modell konnte man gut sehen, wie man mit Prognosen daneben liegen kann. Wenn bisweilen mit weit komplexeren Modellen als der linearen Regression eine Anpassung an die historische Zeitreihe vollzogen wird und aus diesen Modellen Prognosen entwickelt werden, ist die Gefahr für „schlechte" Prognosen noch weit größer.

6 Beispielaufgaben

Bei den nachfolgenden Aufgaben wurde versucht, diese thematisch zu ordnen. Teilweise gibt es aber Überschneidungen. So befinden sich z. B. unter 6.1 auch Aufgaben, die sich in Teilbereichen auf die in 6.2 behandelten Proben beziehen.

Die Lösungen sind in der Regel sehr ausführlich gehalten. In den Klausuren wird zumeist keine derartig ausführliche Darstellung verlangt.

6.1 Berechnung von Indizes

6.1.A Für einen Warenkorb des privaten Konsums liegen folgende Index-Werte (1991 = 100) in % vor:

$L^P_{91,99} = 121$ $\quad L^Q_{91,99} = 108$ $\quad U_{91,99} = 122$

a) Berechnen Sie $P^P_{91,99}$ und $F^Q_{91,99}$.

b) Interpretieren Sie die Größenrelation des Laspeyres- zum Paasche-Preisindex.

c) Ermitteln Sie die durchschnittliche jährliche Preissteigerungsrate von 1991 - 1999 mit Hilfe des Laspeyres-Preisindex.

6.1.B Für 50 Güter eines Großhandelswarenkorbs wurden folgende Mengenindizes (in %) und Umsatzsummen (in Mill. EUR) ermittelt:

$L^Q_{85,90} = 118{,}2$ $\quad L^Q_{85,91} = 120{,}2$

$P^Q_{85,90} = 119$ $\quad P^Q_{85,91} = 120{,}9$

$\sum_{i=1}^{50} p_{85i}\, q_{85i} = 23.500,\quad \sum_{i=1}^{50} p_{90i}\, q_{90i} = 32.900,\quad \sum_{i=1}^{50} p_{91i}\, q_{91i} = 34.075$

a) Geben Sie die Formel für $P^Q_{85,91}$ an.

b) Errechnen Sie $U_{85,91}$, $P^P_{85,91}$, $L^P_{91,85}$ und $F^Q_{85,91}$.

c) Wie hoch war die Umsatzsumme für 1991 in konstanten Preisen von 1985?

6.1.C In einem Handelsunternehmen werden für drei Güter, die sich in einem "Warenkorb" zusammenfassen lassen, folgende statistische Ergebnisse ausgewiesen:
Preismesszahlen für 1995 auf Basis 1990
Mengenveränderungsraten von 1990 bis 1995 (in v.H.)
Umsätze (in 1000 EUR) für 1990 und für 1995

Gut i	Preismesszahl	Mengenveränderungsrate	Umsatz 1990	Umsatz 1995
1	1,05	- 5%	300	299,25
2	1,08	- 4%	100	105,84
3	0,98	+ 6%	100	103.88

a) Errechnen Sie folgende Indexwerte:

$L^P_{90\,95}$, $L^Q_{90\,95}$, $U_{90\,95}$, $P^Q_{90\,95}$, $F^Q_{90\,95}$

6.1.D Ihnen liegen für dieselbe Berichts- und Basisperiode je ein Laspeyres-und ein Paasche-Preisindex (zur Basis 0, Berichtsperiode 1) vor. Deren Werte sind:

$L^P_{01} = 0{,}942$ $\qquad$ $P^P_{01} = 0{,}891$

Was können diese Unterschiede in den Indizes bedeuten?

6.1.E Für den Preisindex nach Laspeyres werden folgende acht Aussagen gemacht. Geben Sie zu der jeweiligen Nummer der Aussage an, ob die Aussage richtig oder falsch ist.

1) Es werden durchschnittliche relative Preisveränderungen über mehrere Güter ausgewiesen,

2) Es werden Preisdurchschnitte über mehrere Güter ausgewiesen.

3) Die Gewichtung stammt aus der Berichtsperiode.

4) Die Gewichtung kann veralten.

5) Der Wert des Laspeyres-Preisindexes ist stets größer als der des entsprechenden Paasche-Preisindexes.

6) Es gilt die Zeitumkehrprobe: $L^P_{01} * L^P_{10} = 1$.

7) $\frac{\sum p_{0i} q_{1i}}{\sum p_{1i} q_{1i}}$ ist ein Laspeyres–Preisindex zur Basis 1.

8) Es gilt die Beziehung: $L^P_{01} * P^Q_{01} = U_{01}$.

6.1.F Von einem Unternehmen erhalten Sie die Mengenmesszahlen für 1989 zur Basis 1988 für 3 Güter und die Umsätze für diese Güter in den Jahren 1988 und 1989 (in TEUR):

Gut	Mengenmesszahl	Umsatz 1988	Umsatz 1989
A	1,05	300	250
B	0,84	2000	2000
C	1,60	700	950

a) Errechnen Sie die Mengenmesszahlen nach Laspeyres und Paasche:

$L^Q_{88\,89}$ $P^Q_{88\,89}$

b) Deuten Sie an, wodurch der Unterschied der beiden Werte zustande gekommen ist.

c) Um wie viel Prozent hat sich der Umsatz von 1988 auf 1989 verändert?

d) Errechnen Sie die Preisindizes nach Laspeyres und Paasche:

$L^P_{88\,89}$ $P^P_{88\,89}$

6.1.G Es wird nach einer "realen" Änderung der Lebenshaltung gefragt.

Kann diese

O aus Preisindizes
O aus Mengenindizes
O aus Umsatzindizes
O aus den Census-Value-Added-Werten
O aus keinem dieser angegebenen Daten/Indizes

entnommen werden?

Bitte kreuzen Sie das Zutreffende an.

6.1.H Für drei Güter werden 1994 und 1995 folgende Preise und Mengen ermittelt:

i	$p_{94\,i}$	$q_{94\,i}$	$p_{95\,i}$	$q_{95\,i}$
1	2,50	120	2,75	110
2	6,-	10	6,60	10
3	11,-	50	12,10	40

a) Berechnen Sie die Preisindizes nach Laspeyres, Paasche und Fisher zur Basis 1994.

b) Vergleichen Sie die Werte von $L^P_{94\,95}$ und $P^P_{94\,95}$. Wodurch entsteht dieses Ergebnis?

c) Errechnen Sie den Umsatzindex U_{9495}.

d) Errechnen Sie $L^Q_{94\,95}$ und $P^Q_{94\,95}$.

e) Errechnen Sie $L^P_{95\,94}$.

Lösungsvorschläge:

6.1.A

a) $P^{P}_{91,99} = \dfrac{U_{91,99}}{L^{Q}_{91,99}} = \dfrac{122\%}{108\%} = 1{,}1296 = 112{,}96\%$

$$F^{Q}_{91,99} = \sqrt{L^{Q}_{91,99} * P^{Q}_{91,99}} = \sqrt{L^{Q}_{91,99} * \frac{U_{91,99}}{L^{P}_{91,99}}}$$

$$= \sqrt{108\% * \frac{122\%}{121\%}} = \sqrt{108{,}89\%} = \sqrt{1{,}0889} = 1{,}0435 = 104{,}35\%$$

b) Der Laspeyres-Preisindex ist größer als der Paasche-Preisindex. Somit sind die Preis- und Mengenmesszahl negativ korreliert, es liegt also „normales" Konsumverhalten vor: Wenn der Preis steigt, fällt die Menge und andersherum.

c) Es ergibt sich: $\sqrt[8]{1{,}21} - 1 = 0{,}0241$

Die Preise sind nach dem Laspeyres-Index also durchschnittlich um 2,41% gestiegen.

6.1.B

a)

$$P^{Q}_{85,91} = \frac{\sum p_{91i}\, q_{91i}}{\sum p_{91i}\, q_{85i}}$$

b) $U_{85,91} = \dfrac{\sum p_{91i}\, q_{91i}}{\sum p_{85i}\, q_{85i}} = \dfrac{34.075}{23.500} = 1{,}45 = 145\%$

Die Umsätze für die einzelnen Jahre wurden aus der Aufgabenstellung übernommen:

$\sum_{i=1}^{50} p_{85i}\, q_{85i} = 23.500,$ $\sum_{i=1}^{50} p_{91i}\, q_{91i} = 34.075$

Es gilt:

$$P^{P}_{85,91} = \frac{U_{85,91}}{L^{Q}_{85,91}} = \frac{145\%}{120{,}2\%} = 120{,}63\%$$

$$L^{P}_{91,85} = \frac{1}{P^{P}_{85,91}} = \frac{1}{1{,}2063} = 0{,}829 = 82{,}9\%$$

$$F^Q_{85,91} = \sqrt{L^Q_{85,91} * P^Q_{85,91}} = \sqrt{1,202 * 1,209} = 1,2055 = 120,55\%$$

c) Hier müssen die Umsätze für 1991 durch den Index der Preissteigerung geteilt werden. Da die aktuellen Umsätze bewertet werden sollen, muss der Paasche-Preisindex verwendet werden, denn dieser legt die aktuellen Mengen zugrunde:

$$\frac{\sum p_{91i}\, q_{91i}}{P^P_{85,91}} = \frac{34.075}{1,2063} = 28.248$$

6.1.C

$$L^P_{90\,95} = \frac{\sum \frac{p_{95i}}{p_{90i}}\, p_{90i}\, q_{90i}}{\sum p_{90i}\, q_{90i}} = \frac{\sum \frac{p_{95i}}{p_{90i}}\, U_{90i}}{\sum U_{90i}}$$

$$\Rightarrow \mathbf{L^P_{90\,95}} = \frac{1,05*300 + 1,08*100 + 0,98*100}{300 + 100 + 100} = 1,042 = \mathbf{104,2\%}$$

Für die Mengen sind nur die Veränderungsraten angegeben. Addiert man diese Raten zu 1 hinzu, so erhält man die Mengenmesszahlen. Für das erste Gut ergibt sich etwa: 1 + (-0,05) = 0,95

$$L^Q_{90\,95} = \frac{\sum \frac{q_{95i}}{q_{90i}}\, p_{90i}\, q_{90i}}{\sum p_{90i}\, q_{90i}} = \frac{\sum \frac{q_{95i}}{q_{90i}}\, U_{90i}}{\sum U_{90i}}$$

$$\Rightarrow \mathbf{L^Q_{90\,95}} = \frac{0,95*300 + 0,96*100 + 1,06*100}{300 + 100 + 100} = 0,975 = \mathbf{97,5\%}$$

$$\mathbf{U_{90\,95}} = \frac{\sum U_{95i}}{\sum U_{90i}} = \frac{299,25 + 105,84 + 103,88}{300 + 100 + 100} = \mathbf{101,8\%}$$

$$\mathbf{P^Q_{90\,95}} = \frac{U_{90\,95}}{L^P_{90\,95}} = \frac{101,8\%}{104,2\%} = 0,977 = \mathbf{97,7\%}$$

$$\mathbf{F^Q_{90\,95}} = \sqrt{L^Q_{90\,95} * P^Q_{90\,95}} = \sqrt{0,975 * 0,977} = \mathbf{97,6\%}$$

6.1.D Da die Indizes beide kleiner als 1 sind, sind die Preise insgesamt gefallen. Nach dem Paasche-Index, der die Mengen aus der Berichtsperiode (also aktuelle Mengen) zugrunde legt, sind sie jedoch stärker gefallen. Somit werden die Güter, deren Preise stärker gefallen sind, mehr nachgefragt, während die Güter, die im Preis weniger gefallen oder sogar gestiegen sind, weniger nachgefragt werden. Im Normalfall kann ein derartiges Nachfrageverhalten bei Preisänderungen erwartet werden.

6.1.E Die Antworten sind in folgender Tabelle zusammengestellt (R= richtig, F=falsch):

1	2	3	4	5	6	7	8
R	F	F	R	F	F	R	R

In der Aufgabenstellung waren keine weiteren Begründungen verlangt. Nachfolgend werden aber trotzdem zum besseren Verständnis zu einigen der Antworten Anmerkungen gemacht:

3) Die Gewichtung stammt beim Paasche-Index aus der Berichtsperiode.

7) "Zur Basis 1" bedeutet, dass es sich um den "zeitumgekehrten"-Index L^P_{10} handelt. Dieser lautet gerade $L^P_{10} = \frac{\sum p_{0i}\, q_{1i}}{\sum p_{1i}\, q_{1i}}$

6.1.F Von einem Unternehmen erhalten Sie die Mengenmesszahlen für 1989 zur Basis 1988 für 3 Güter und die Umsätze für diese Güter in den Jahren 1988 und 1989:

Gut	Mengenmesszahl	Umsatz 1988	Umsatz 1989
A	1,05	300	250
B	0,84	2000	2000
C	1,60	700	950

a) Es gilt:

$$L^Q_{01} = \frac{\sum \frac{q_{1i}}{q_{0i}} q_{0i} p_{0i}}{\sum q_{0i} p_{0i}} = \frac{1{,}05*300 + 0{,}84*2000 + 1{,}60*700}{300 + 2000 + 700} = 1{,}0383$$

$$P^Q_{01} = \frac{\sum q_{1i} p_{1i}}{\sum \frac{1}{\frac{q_{1i}}{q_{0i}}} q_{1i} p_{1i}} = \frac{250 + 2000 + 950}{\frac{1}{1{,}05}*250 + \frac{1}{0{,}84}*2000 + \frac{1}{1{,}60}*950} = 0{,}996$$

b) Eine besonders große Änderung der Menge gab es bei Gut C. Die Mengenmesszahl beträgt hier 1,6. Die Mengen sind also bei diesem Gut um 60% gestiegen. Der Umsatz für dieses Gut ist aber nur von 700 auf 950, also um 21%, gestiegen. Hieraus ergibt sich, dass die Preise für dieses Gut deutlich gesunken sind. Bei dem Laspeyres-Index wird dieses Gut nun mit den Mengen von 1988, also nicht so stark, gewichtet. Bei dem Paasche-Index wird es hingegen mit den wesentlich höher liegenden Mengen von 1989 gewichtet. Daher fällt die Preissenkung von Gut C bei dem Paasche-Index deutlich stärker ins Gewicht.

c) $U_{01} = \frac{\sum p_{1i} q_{1i}}{\sum p_{0i} q_{0i}} = \frac{250 + 2000 + 950}{300 + 2000 + 700} = 1{,}0667$

Die Umsätze sind somit um 6,67% gestiegen.

d)

$$L^P_{88\,89} = \frac{U_{88\,89}}{P^Q_{88\,89}} = \frac{1{,}0667}{0{,}996} = 1{,}071$$

$$P^P_{88\,89} = \frac{U_{88\,89}}{L^Q_{88\,89}} = \frac{1{,}0667}{1{,}0383} = 1{,}0273$$

6.1.G Die "reale" Veränderung der Lebenshaltung kann aus einem Mengenindex abgelesen werden.

6.1.H **a)** Laspeyres-Preisindex $L^P_{94\,95} = \frac{\sum p_{95i}\, q_{94i}}{\sum p_{94i}\, q_{94i}}$

$$\Rightarrow L^P_{94\,95} = \frac{2{,}75*120 + 6{,}6*10 + 12{,}1*50}{2{,}5*120 + 6*10 + 11*50} = \frac{1001}{910} = \mathbf{110\%}$$

Paasche-Preisindex $P^P_{94\,95} = \frac{\sum p_{95i}\, q_{95i}}{\sum p_{94i}\, q_{95i}}$

$$\Rightarrow P^P_{94\,95} = \frac{2{,}75*110 + 6{,}6*10 + 12{,}1*40}{2{,}5*110 + 6*10 + 11*40} = \frac{852{,}5}{775} = \mathbf{110\%}$$

$$F^P_{94\,95} = \sqrt{L^P_{94\,95} * P^P_{94\,95}} = \sqrt{1{,}1 * 1{,}1} = \mathbf{110\%}$$

b) Es sind alle Preise um 10% gestiegen (alle Preismesszahlen betragen 1,1). Wenn alle Preise gleich stark gestiegen sind, so ist es für den Wert des Indexes egal, mit welchen Mengen diese gleichen Preisanstiege gewichtet werden. Dass der Index in einem derartigen Fall gerade der Preismesszahl entspricht, fordert auch die Proportionalitätsprobe. Da sowohl der Laspeyres- als auch der Paasche–Index diese Probe erfüllen, muss sich für beide Indizes der Wert von 1,1 ergeben.

c) $U_{9495} = \frac{\sum p_{95i}\, q_{95i}}{\sum p_{94i}\, q_{94i}}$

$$\Rightarrow U_{9495} = \frac{2{,}75*110 + 6{,}6*10 + 12{,}1*40}{2{,}5*120 + 6*10 + 11*50} = \frac{852{,}5}{910} = \mathbf{93{,}68\%}$$

d) $L^Q_{94\,95}$ und $P^Q_{94\,95}$ können mittels U_{9495} und den zuvor berechneten Werten für $L^P_{94\,95}$ und $P^P_{94\,95}$ errechnet werden: (Natürlich wäre es stattdessen auch möglich, den Index aus den einzelnen

Preisen und Mengen zu berechnen.)

$$L^{Q}_{9495} = \frac{U_{9495}}{P^{P}_{9495}} = \frac{93{,}68\%}{110\%} = 0{,}8516 = \mathbf{85{,}16\%}$$

$$P^{Q}_{9495} = \frac{U_{9495}}{L^{P}_{9495}} = \frac{93{,}68\%}{110\%} = 0{,}8516 = \mathbf{85{,}16\%}$$

e) Der zeitumgekehrte Laspeyres-Index ($L^{P}_{95\,94}$) ergibt sich als Kehrwert von P^{P}_{9495}:

$$L^{P}_{95\,94} = \frac{1}{P^{P}_{9495}} = \frac{1}{110\%} = 0{,}9091 = \mathbf{90{,}91\%}$$

Auch dieser Index hätte natürlich wieder aus den einzelnen Preisen und Mengen berechnet werden können.

6.2 Proben

6.2.A Prüfen Sie, ob folgende Gleichungen bestehen:

a) $L^{P}_{01} * L^{P}_{10} = 1$ b) $L^{P}_{01} * P^{P}_{10} = 1$

c) $L^{P}_{01} * L^{P}_{12} = L^{P}_{02}$ d) $F^{P}_{10} * F^{P}_{01} = 1$

Handelt es sich bei den unter a) bis d) aufgeführten Beziehungen um bestimmte Proben bezüglich der Indizes?

Wenn ja, um welche?

6.2.B Prüfen Sie, ob folgende Beziehungen bestehen:

a) $F^{P}_{01} * F^{Q}_{01} = U_{01}$ b) $L^{P}_{01} * L^{Q}_{01} = U_{01}$

c) $L^{P}_{01} * P^{Q}_{01} = U_{01}$ d) $\frac{L^{P}_{01}}{P^{P}_{01}} = \frac{L^{Q}_{01}}{P^{Q}_{01}}$

Lösungsvorschläge:

6.2.A a) $L^P_{01} * L^P_{10} \stackrel{?}{=} 1$

Zeitumkehrprobe

$$\frac{\sum p_{1i} q_{0i}}{\sum p_{0i} q_{0i}} * \frac{\sum p_{0i} q_{1i}}{\sum p_{1i} q_{1i}} \neq 1$$

Zeitumkehrprobe gilt bei Laspeyres-Preisindizes nicht!

b) $L^P_{01} * P^P_{10} \stackrel{?}{=} 1$

keine der benannten Proben!

$$\frac{\cancel{\sum p_{1i} q_{0i}}}{\cancel{\sum p_{0i} q_{0i}}} * \frac{\cancel{\sum p_{0i} q_{0i}}}{\cancel{\sum p_{1i} q_{0i}}} = 1$$

die Beziehung gilt!

c) $L^P_{01} * L^P_{12} \stackrel{?}{=} L^P_{02}$

Rundprobe!

$$\frac{\sum p_{1i} q_{0i}}{\sum p_{0i} q_{0i}} * \frac{\sum p_{2i} q_{1i}}{\sum p_{1i} q_{1i}} \neq \frac{\sum p_{2i} q_{0i}}{\sum p_{0i} q_{0i}}$$

Die Rundprobe wird von den Laspeyres-Indizes nicht erfüllt!

d) $F^P_{10} * F^P_{01} \stackrel{?}{=} 1$

Zeitumkehrprobe

$$\sqrt{L^P_{10} * P^P_{10}} * \sqrt{L^P_{01} * P^P_{01}} \stackrel{?}{=} 1$$

$$\sqrt{\frac{\cancel{\sum p_{1i} q_{0i}}}{\cancel{\sum p_{0i} q_{0i}}} * \frac{\cancel{\sum p_{1i} q_{1i}}}{\cancel{\sum p_{0i} q_{1i}}} * \frac{\cancel{\sum p_{0i} q_{1i}}}{\cancel{\sum p_{1i} q_{1i}}} * \frac{\cancel{\sum p_{0i} q_{0i}}}{\cancel{\sum p_{1i} q_{0i}}}} = 1$$

Die Fisher-Indizes erfüllen die Zeitumkehrprobe!

6.2.B a) $F^P_{01} * F^Q_{01} = U_{01}$

Faktorumkehrprobe

$$\sqrt{L^P_{01} * P^P_{01}} * \sqrt{L^Q_{01} * P^Q_{01}} = U_{01}, \text{ da}$$

$$L^P_{01} * P^Q_{01} = U_{01} \quad \text{und} \quad P^P_{01} * L^Q_{01} = U_{01}$$

$$\Rightarrow \sqrt{U^2_{01}} = U_{01}$$

Die Fisher-Indizes erfüllen die Faktorumkehrprobe!

b) $L^P_{01} * L^Q_{01} \stackrel{?}{=} U_{01}$

Faktorumkehrprobe

$$\frac{\sum p_{1i} q_{0i}}{\sum p_{0i} q_{0i}} * \frac{\sum p_{0i} q_{1i}}{\sum p_{0i} q_{0i}} \neq \frac{\sum p_{1i} q_{1i}}{\sum p_{0i} q_{0}}$$

Laspeyres-Indizes erfüllen die Faktorumkehrprobe nicht!

c) $L^P_{01} * P^Q_{01} \overset{?}{=} U_{01}$

$$\frac{\sum p_{1i} q_{0i}}{\sum p_{0i} q_{0i}} * \frac{\sum p_{1i} q_{1i}}{\sum p_{1i} q_{0i}} = \frac{\sum p_{1i} q_{1i}}{\sum p_{0i} q_{0i}}$$

Die Beziehung gilt!

d) $\frac{L^P_{01}}{P^P_{01}} \overset{?}{=} \frac{L^Q_{01}}{P^Q_{01}}$

$$\Leftrightarrow \frac{\sum p_{1i} q_{0i}}{\sum p_{0i} q_{0i}} * \frac{\sum p_{0i} q_{1i}}{\sum p_{1i} q_{1i}} = \frac{\sum p_{0i} q_{1i}}{\sum p_{0i} q_{0i}} * \frac{\sum p_{1i} q_{0i}}{\sum p_{1i} q_{1i}}$$

Die Beziehung ist gültig!

Hier wurde ausgenutzt, dass bei einer Division auch mit dem Kehrwert multipliziert werden kann.

6.3 Umbasieren

6.3.A Es sind zwei Laspeyres-Preisindizes gegeben:

$L^P_{01} = 105\%$ $\quad$ $L^P_{02} = 112{,}5\%$

Um wie viel Prozent haben sich die Preise in der Periode 1,2 approximativ erhöht?

6.3.B Was ist bei der Verknüpfung von Indizes der offiziellen Preisstatistik (Laspeyres–Indizes) zur Basis 1980 mit Indizes zur Basis 1976 inhaltlich zu beachten?

6.3.C Für den "4-Personen Haushalt mit mittlerem Einkommen" im alten Bundesgebiet (Typ III) werden folgende Ergebnisse veröffentlicht:

Preisindex für die Lebenshaltung:

$L^P_{80,85} = 120{,}9\%$ $\quad$ $L^P_{85,90} = 106{,}7\%$

Ausgaben je Monat:

1980: 2575 DM
1995: 3044 DM
1990: 3452 DM

Um wie viel Prozent

a) sind die Preise von 1980 bis 1990 (approximativ) gestiegen?

b) ist die Lebenshaltung von 1980 bis 1990 nominal gestiegen?

c) hat sich die Lebenshaltung von 1980 bis 1990 real verändert?

Lösungsvorschläge:

6.3.A Gegeben sind: $L^P_{01} = 105\%$ und $L^P_{02} = 112{,}5\%$

Ein Index von der Periode 1 zur Periode 2 ergibt sich, indem der Index des gesamten Zeitraumes (L^P_{02}) durch den Index des ersten Zeitraumes (L^P_{01}) geteilt wird. Hierbei bleibt gerade ein Index für den Zeitraum ($_{12}$) über:

$$\frac{L^P_{02}}{L^P_{01}} = \frac{112{,}5\%}{105\%} = 1{,}0714$$

Dies bedeutet, dass die Preise um den Faktor 1,0714 gestiegen sind, also um 7,14%.

(Zu beachten ist, dass der "Index", der sich auf diese Weise für die Veränderung von Periode 1 nach Periode 2 ergeben hat (107,14%), kein Laspeyres-Index ist. Denn er beruht auf den Preisen der Periode 0 und nicht der Periode 1, wie es bei L^P_{12} gelten würde. Dass sich nicht der Index L^P_{12} ergibt, ist gleichbedeutend damit, dass die Rundprobe nicht gilt.)

6.3.B Bei einem Laspeyres-Index stammen die zugrunde gelegten Mengen jeweils aus der Basisperiode. Der Preisindex zur Basis von 1976 beruht auf dem "Warenkorb" von 1976, während der von 1980 auf dem Warenkorb von 1980 basiert. Daher tritt bei der Verknüpfung ein Strukturbruch auf. Der verknüpfte Index ist somit mit einer "gewissen Vorsicht" zu interpretieren. Bei diesem verknüpften Index handelt es sich weder um einen Laspeyres-Index noch um einen Paasche-Index. Es ist gewissermaßen eine Mischung aus beiden.

6.3.C a) Hier müssen einfach die beiden Indizes miteinander multipliziert werden.

$$L^P_{80,85} * L^P_{85,91} = 1{,}209 * 1{,}067 = 1{,}29 = 129\%$$

Also sind die Preise um 29% gestiegen.

b) „nominal" bedeutet, dass die Steigerung der gesamten Ausgaben betrachtet wird. Außer den Mengenveränderungen gehen hier auch die Preisveränderungen mit ein. Im vorliegenden Fall können einfach die Ausgaben für 1990 durch die für 1980 geteilt werden:

$$\frac{3452}{2575} = 134{,}06\% = U_{80,90}$$

c) Bei „realen" Veränderungen geht es immer um die preisbereinigten Veränderungen. Hier ist also gefragt, um wie viel sich die konsumierten Mengen verändert haben. Daher muss die nominale Steigerung der Lebenshaltung durch die Preissteigerung geteilt werden:

$$\frac{134{,}06\%}{129\%} = 1{,}0392 = 103{,}92\%$$

Die reale Veränderung der Lebenshaltung betrug somit 3,92%.

6.4 Kaufkraftparitäten

6.4.A Ein deutscher Angestellter lebte 1978 mit seiner Familie in England und erhielt sein Gehalt in DM ausgezahlt. Für 1978 werden folgende Verbrauchergeldparitäten ausgewiesen:

deutsches Schema	4,88 DM pro Pfund
britisches Schema	5,72 DM pro Pfund
Devisenkurs	3,85 DM pro Pfund

Die deutsche Familie behielt ihre deutschen Lebensgewohnheiten bei. Um wie viel Prozent lebte sie billiger oder teurer als in der Bundesrepublik?

6.4.B Für Norwegen seien folgende Verbrauchergeldparitäten gegeben:

deutsches Schema	31,22 DM pro 100 nkr
norwegisches Schema	37,78 DM pro 100 nkr
Devisenkurs	38,34 DM pro 100 nkr

Ist der deutsche Warenkorb in Norwegen oder in Deutschland teurer?

Lösungsvorschläge:

6.4.A Gegeben sind die Indizes:

britisches Schema: $L^{P}_{GD} = \dfrac{\sum p_{Di}\, q_{Bi}}{\sum p_{Bi}\, q_{Bi}} = 5{,}72$ DM pro Pfund

deutsches Schema: $P^{P}_{GD} = \dfrac{\sum p_{Di}\, q_{Di}}{\sum p_{Bi}\, q_{Di}} = 4{,}88$ DM pro Pfund

Gefragt ist, ob die Familie in Großbritannien nach deutschem Schema billiger oder teurer lebt als in Deutschland. Zur Beantwortung dieser Frage wird ein Laspeyres-Index (Gewichtung nach dem Basisland) mit dem Basisland Deutschland benötigt. Gegeben sind Indizes mit dem Basisland Großbritannien. Es muss der Kehrwert zu dem Index für das deutsche Schema gebildet werden:

$$L^P_{DG} = \frac{1}{P^P_{GD}} \Rightarrow L^P_{DG} = \frac{1}{4{,}88\frac{DM}{Pfund}} = 0{,}205\,\frac{Pfund}{DM}$$

Indem mit dem Wechselkurs multipliziert wird, ergibt sich ein dimensionsloser Ausdruck, der gerade die Relation zu den Preisen in Deutschland angibt:

$$0{,}205\,\frac{Pfund}{DM} * 3{,}85\,\frac{DM}{Pfund} = 0{,}789$$

Somit lebt die deutsche Familie in Großbritannien um 21,1% billiger (1−0,789) als in Deutschland.

6.4.B Gegeben sind folgende Werte:

deutsches Schema	$P^P_{N,D}$ = 31,22 DM pro 100 nkr
norwegisches Schema	$L^P_{N,D}$ = 37,78 DM pro 100 nkr
Devisenkurs	$WK_{N,D}$ = 38,34 DM pro 100 nkr

$P^P_{N,D}$ gibt das Preisniveau in Deutschland, bezogen auf die Preise in Norwegen, an. Um einen dimensionslosen Ausdruck zu erhalten, muss dieser Wert durch den Devisenkurs geteilt werden (denn beide sind in $\frac{DM}{100nkr}$ angegeben).

$$\frac{P^P_{N,D}}{WK_{N,D}} = \frac{31{,}22\,\frac{DM}{100nkr}}{38{,}34\,\frac{DM}{100nkr}} = 0{,}814$$

Das Preisnivau in Deutschland beträgt also (nach deutschem Schema gewichtet) 81,4% des Preisniveaus in Norwegen. Somit ist der deutsche Warenkorb in Deutschland billiger.

6.5 Produzierendes Gewerbe

6.5.A Für zwei Industriezweige A und B sind Indizes der Nettoproduktion (als Laspeyres-Mengenindex, Basis 0, Berichtszeitraum t, in %) und die geleisteten Arbeitsstunden (1 Einheit=1 Mio. Stunden) für drei Perioden 0,1 und 2 gegeben.

t	$L^{Q^A}_{ot}$	a^A_t	$L^{Q^B}_{ot}$	a^B_t
0	100	420	100	800
1	89	385	105	790
2	99	389	115	810

In t=0 hatte B einen Anteil am gesamten Census-Value-Added von 65%.

a) Welche Werte hat ein Index der Arbeitsproduktivität für beide Industriezweige in den drei Perioden?

b) Welchen Wert hat ein Index der Arbeitsproduktivität für beide Industriezweige gemeinsam in den drei Perioden?

6.5.B Was ist die Aufgabe der vom Statistischen Bundesamt berechneten Produktionsindizes?

6.5.C Was wird in diesem Zusammenhang als "Nettoleistung" verstanden?

6.5.D Was wird in diesen Statistiken unter dem "Produzierenden Gewerbe" verstanden?

6.5.E Für zwei Teil-Wirtschaftsbereiche W_1 und W_2 werden folgende Werte ausgewiesen:

$L^Q_{85,91,j}$ Teilindex der Nettoproduktion (j = 1, 2)

$AP_{85,91,j}$ Teil-Arbeitsproduktivitätsindex

$G_{85,j}$ Nettoproduktionsanteil (Census-Value-Added) für 1985

$a_{85,j}$, $a_{91,j}$ Anzahl der Beschäftigten (in 1000) 1985 und 1991

j	$L^Q_{85,91,j}$	$AP_{85,91j}$	$G_{85,j}$	$a_{85,j}$	$a_{91,j}$
1	114,8%	fehlt	0,3	115	103,5
2	fehlt	132,4%	0,7	235	200

a) Errechnen Sie die fehlenden Teilindizes $AP_{85,91,1}$ und $L^Q_{85,91,2}$

b) Errechnen Sie die Gesamtindizes $L^{Q\,Ges}_{85,91}$ und $AP^{Ges}_{85,91}$

Lösungsvorschläge:

6.5.A a) Für die Arbeitsproduktivität gilt:

AP_{0t} (Arbeitsproduktivitätsindex) =

$$\frac{L^Q_{0t} \text{ (Index der Nettoproduktion)}}{\frac{a_t}{a_0} \text{ (Messzahl des Arbeitseinsatzes)}}$$

In der nachfolgenden Tabelle sind für jeden Industriezweig die Messzahlen des Arbeitseinsatzes und die sich daraus ergebenden Arbeitsproduktivitäten ausgerechnet.

	Industriezweig A		Industriezweig B	
t	$\frac{a_t}{a_0}$	AP_{0t}	$\frac{a_t}{a_0}$	AP_{0t}
0	1	100%	1	100%
1	0,917	97,06%	0,9875	106,33%
2	0,926	106,91%	1,0125	113,58%

b) Um den Gesamtindex zu erhalten, müssen die Industriezweige gewichtet werden. Gewichtet werden sie mit ihrem Anteil am Census–Value-Added (Nettoleistung) in der Basisperiode. In der Aufgabenstellung war angegeben, dass der Anteil des Zweiges B in der Basisperiode 65% ausmachte. Daher ist der Zweig B mit 0,65 und der Zweig A mit 0,35 zu gewichten. Der Index der Arbeitsproduktivität für beide Industriezweige gemeinsam beträgt somit:

$$AP_{0t}^{gemeinsam} = 0{,}35 * AP_{0t}^{A} + 0{,}65 * AP_{0t}^{B}$$

Es ergibt sich:

t	AP_{0t}^{A}	AP_{0t}^{B}	$AP_{0t}^{gemeinsam}$
0	100%	100%	100%
1	97,06%	106,33%	103,22%
2	106,91%	113,58%	111,29%

6.5.B Die Aufgabe der Produktionsindizes ist die um Preisveränderungen bereinigte Beschreibung der Entwicklung von Leistungsgrößen, jeweils bezogen auf das Basisjahr. Es wird also die **reale** Veränderung der Produktion beschrieben. In der Praxis werden diese monatlich bzw. vierteljährlich berechnet.

6.5.C Die "Nettoleistung" ist die um die Vorleistungen anderer Unternehmen bereinigte Größe der Wertschöpfung.

6.5.D Dem "Produzierenden Gewerbe" gehören an:

- alle Betriebe oder Unternehmen des verarbeitenden Gewerbes
- alle Betriebe oder Unternehmen der Energie- und Wasserversorgung
- alle Betriebe oder Unternehmen des Bergbaus
- alle Betrieb oder Unternehmen des Baugewerbes und des produzierenden Handwerks

Hierbei ist jedoch zu beachten, dass nur Betriebe mit mindestens 20 Beschäftigten in eine kontinuierliche Berichterstattung mit einbezogen werden.

6.5.E Es gilt folgende Beziehung:

$$AP_{85,91,j} = \frac{L^{Q}_{85,91,j}}{\frac{a_{91,j}}{a_{85,j}}}$$

Mittels dieser Beziehung ergibt sich für die gesuchten Werte:

$$AP_{85,91,1} = \frac{L^{Q}_{85,91,1}}{\frac{a_{91,1}}{a_{85,1}}} = \frac{114{,}8\%}{\frac{103{,}5}{115}} = 127{,}56\%$$

$$L^{Q}_{85,91,2} = AP_{85,91,2} * \frac{a_{91,2}}{a_{85,2}} = 112{,}68\%$$

b) Der Gesamtindex ergibt sich jeweils durch die gewichtete Summe der Teilindizes:

$$L^{Q\,Ges}_{85,91} = 0{,}3 * 114{,}8\% + 0{,}7 * 112{,}68\% = 113{,}32\%$$

$$AP^{Ges}_{85,91} = 0{,}3 * 127{,}56\% + 0{,}7 * 132{,}4\% = 130{,}95\%$$

6.6 Konzentration

6.6.A Fünf Studenten erheben am Jahresende ihr Geldvermögen X (in EUR). Dabei ergeben sich folgende Werte:

i	1	2	3	4	5
x_i	21.000	2.400	1.500	2.100	3.000

a) Ist die relative Konzentration hoch oder niedrig?

b) Zeichnen sie die Lorenzkurve.

c) Errechnen Sie den Gini-Koeffizienten.

d) Welche Fläche des Lorenzkurven-Diagramms steht im Zusammenhang mit dem Gini-Koeffizienten?

e) Was würde in diesem Beispiel der Fall vollständiger Disparität bedeuten? Welchen Wert hätte dann der Gini-Koeffizient?

f) Zeichnen Sie in das Lorenzkurven-Diagramm den Verlauf bei vollständiger Disparität ein.

6.6.B In einem mittleren Ort gibt es 6 Bekleidungsgeschäfte mit folgenden Verkaufsflächen X (in m^2):

110, 1260, 80, 570, 200, 280

a) Zeichnen Sie die Konzentrationskurve für X.

b) Errechnen Sie die Konzentrationsrate CR_3 und zeigen Sie, wo deren Wert in der Grafik a) zu finden ist.

c) Zeichnen Sie die Lorenzkurve.

d) Errechnen Sie den Gini-Koeffizienten. Wo findet sich dessen Wert im Lorenzkurvendiagramm.

6.6.C 1995 hatten die 5 Unternehmen, die ein Produkt in Deutschland verkauften, folgenden Umsatz "X" (in Mill. EUR):

$x_1 = 4{,}0$; $x_2 = 1{,}6$; $x_3 = 8{,}8$; $x_4 = 5{,}6$; $x_5 = 60{,}0$

a) Errechnen Sie den Herfindahl-Index.

b) Zeichnen Sie die Lorenzkurve.

c) Errechnen Sie den Gini-Koeffizienten und geben Sie in einem Satz die Beziehung zur Lorenzkurve an.

d) Was bedeutet "absolute" und "relative" Konzentration? Was ergibt sich für beide Aspekte in diesem Fall?

6.6.D 6 Studenten der Wirtschaftswissenschaften ermitteln ihr Gesamtbarvermögen (in EUR) und geben dann ihre Anteile daran an:

$a_1 = 0,\ a_2 = 0{,}2,\ a_3 = 0{,}2,\ a_4 = 0{,}5,\ a_5 = 0{,}1,\ a_6 = 0$

a) Zeichnen Sie die Konzentrationskurve.

b) Zeichnen Sie die Lorenzkurve.

c) Errechnen Sie den Gini-Koeffizienten.

d) Wie verändert sich die absolute Konzentration, wenn die Studenten 1 und 6 nicht mehr mitmachen? Diskutieren Sie diese Frage anhand des Herfindahl-Indexes.

Lösungsvorschläge:

6.6.A **a)** Die relative Konzentration ist hoch, denn die Geldvermögen sind sehr ungleich verteilt. Allein der Anteil des ersten Studenten am gesamten Geldvermögen der 5 Studenten beträgt

$a_1 = \frac{21.100}{30.000} = 0{,}7$ und ist weit höher als der sich bei Parität ergebende Wert von 0,2 für jeden Studenten.

b) Die Werte werden der Größe nach geordnet, die kleinsten zuerst. Dann werden die a_i, y_i und z_i berechnet:

i	1	2	3	4	5	
x_i	1.500	2.100	2.400	3.000	21.000	$\sum x_i = 30.000$
$a_i = \frac{x_i}{\sum x_i}$	0,05	0,07	0,08	0,1	0,7	
y_i	0,05	0,12	0,2	0,3	1	
z_i	0,2	0,4	0,6	0,8	1	

Somit ergibt sich für die Lorenzkurve:

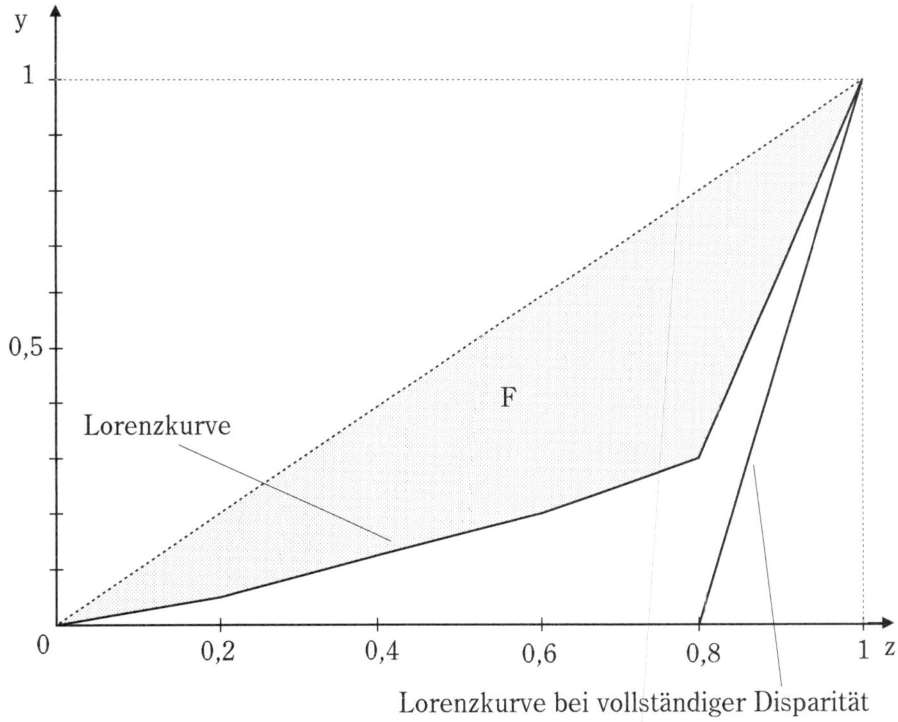

c) $G = 1 - \frac{1}{n} * \sum_{i=1}^{n} (y_{i-1} + y_i)$

$\Rightarrow G = 1 - 0{,}2 * ((0 + 0{,}05) + (0{,}05 + 0{,}12) + (0{,}12 + 0{,}2) + (0{,}2 + 0{,}3) + (0{,}3 + 1)) = 0{,}532$

d) Der Gini-Koeffizient steht im Verhältnis zu der Fläche zwischen der Diagonalen und der Lorenzkurve (in der Zeichnung mit F bezeichnet). Der Gini-Koeffizient ist gerade 2 mal diese Fläche.

e) Bei vollständiger Disparität hätte einer der Studenten das gesamte Vermögen und alle anderen hätten nichts, d. h. $a_i = 0$ für i=1,2,3,4 und $a_5 = 1$. Der Gini-Koeffizient beträgt in diesem Fall:

$G = 1 - \frac{1}{n} = 1 - 0{,}2 = 0{,}8$

f) siehe Zeichnung bei b)

6.6.B **a)** Die Werte werden zunächst der Größe nach geordnet (für die Konzentrationskurve zuerst die größten). Dann werden die a_i und die CR_h berechnet:

i	1	2	3	4	5	6	
x_i	1.260	570	280	200	110	80	$\sum x_i = 2.500$
$a_i = \frac{x_i}{\sum x_i}$	0,504	0,228	0,112	0,08	0,044	0,032	
CR_h	0,504	0,732	0,844	0,922	0,968	1	

Somit ergibt sich für die Konzentrationskurve:

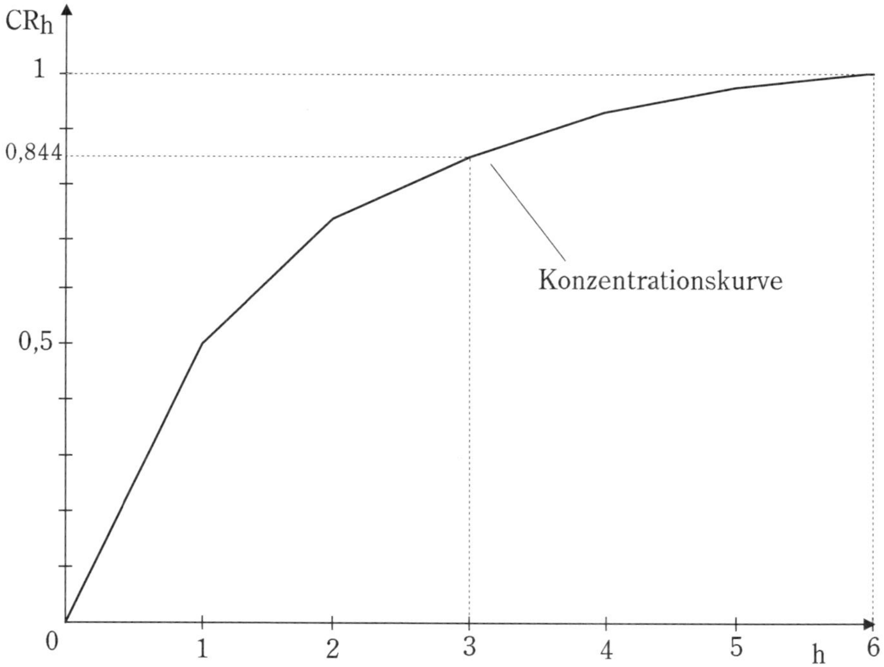

b) Der Wert wurde in der Tabelle bereits berechnet: $CR_3 = 0,844$. In der Grafik wurde eingezeichnet, wie sich dieser Wert für h=3 ergibt.

c) Für die Lorenzkurve müssen die a_i in aufsteigender Reihenfolge addiert werden:

a_i	0,032	0,044	0,08	0,112	0,228	0,504
y_i	0,032	0,076	0,156	0,268	0,496	1
z_i	1/6	2/6	3/6	4/6	5/6	6/6

Somit ergibt sich für die Lorenzkurve:

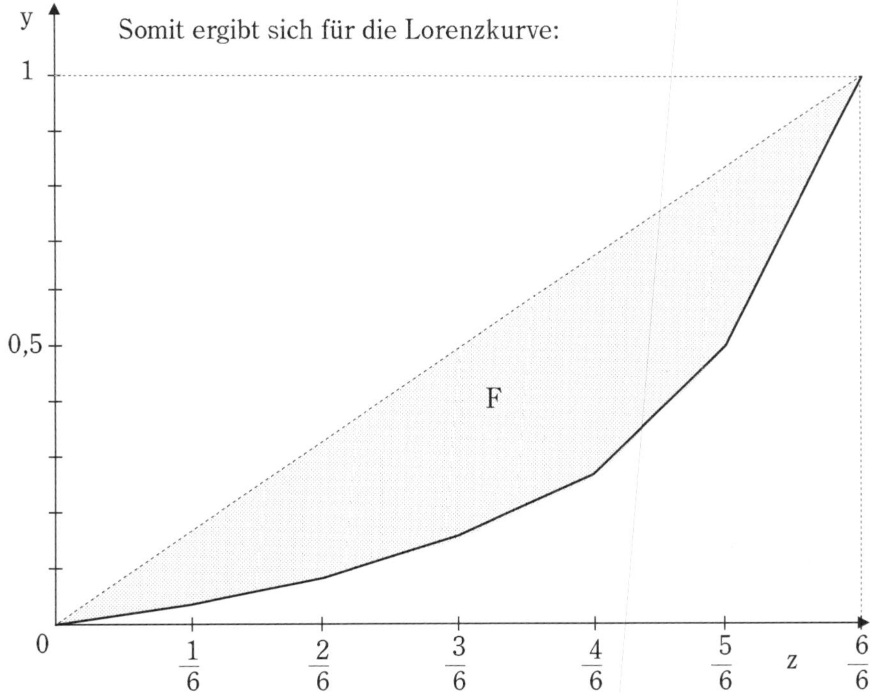

d) Für den Gini-Koeffizienten ergibt sich:

$$G = 1 - \frac{1}{n} * \sum_{i=1}^{n} (y_{i-1} + y_i)$$

$$\Rightarrow G = 1 - \frac{1}{6} * ((0 + 0{,}032) + (0{,}032 + 0{,}076) + (0{,}076 + 0{,}156) +$$
$$(0{,}156 + 0{,}268) + (0{,}268 + 0{,}496) + (0{,}496 + 1)) = 0{,}491$$

Der Gini-Koeffizient ist das Doppelte der im obigen Diagramm gepunkteten Fläche F. $G = 2 * F$

6.6.C **a)** Für den Gesamtumsatz ergibt sich: $\sum x_i = 80$

Hieraus ergeben sich folgende Anteile:

$a_1 = 0{,}05;\ a_2 = 0{,}02;\ a_3 = 0{,}11;\ a_4 = 0{,}07;\ a_5 = 0{,}75$

Somit beträgt der Herfindahl-Index:

$$H = \sum_{i=1}^{n} a_i^2 = 0{,}05^2 + 0{,}02^2 + 0{,}11^2 + 0{,}07^2 + 0{,}75^2 = 0{,}5824$$

b) Für die Lorenzkurve müssen die Anteilswerte sortiert werden:

a_i	0,02	0,05	0,07	0,11	0,75
y_i	0,02	0,07	0,14	0,25	1
z_i	0,2	0,4	0,6	0,8	1

Somit ergibt sich für die Lorenzkurve:

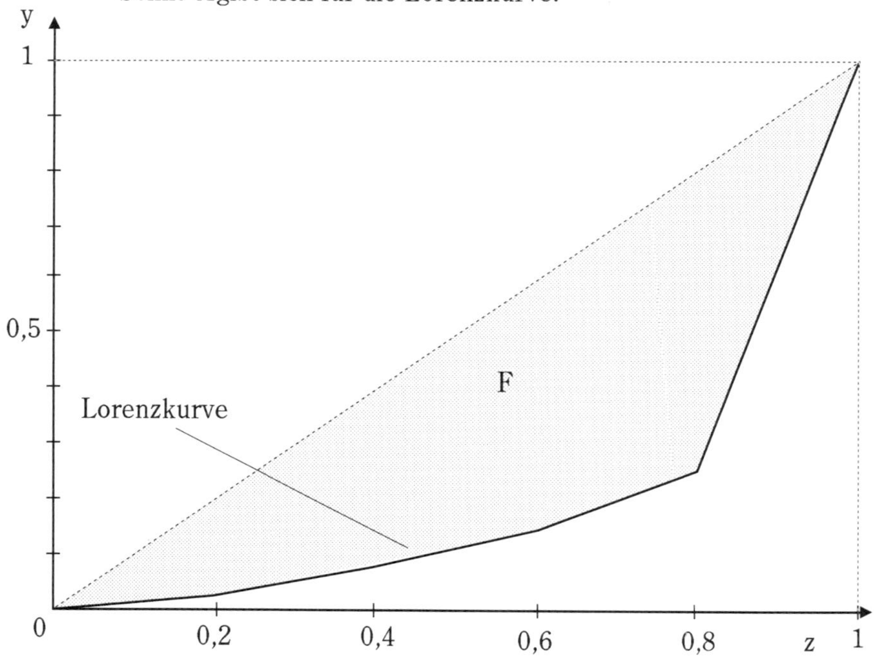

c) $G = 1 - \frac{1}{n} * \sum_{i=1}^{n} (y_{i-1} + y_i) \quad \Rightarrow G = 0{,}608$

Der Gini-Koeffizient ist das Zweifache der Fläche zwischen der Diagonalen und der Lorenzkurve (in der Zeichnung mit F bezeichnet).

d) Absolute Konzentration: bezieht sich auf die Anzahl der Wirtschaftssubjekte, die an etwas teilhaben.
Relative Konzentration: bezieht sich auf die Aufteilung unter den Wirtschaftssubjekten, die an etwas teilhaben.

In diesem Fall ist sowohl die absolute als auch die relative Konzentration "hoch". Die absolute Konzentration ist "hoch", weil das Produkt nur von 5 Unternehmen verkauft wird. Die relative Konzentration ist hoch, weil die Anteile der Unternehmen sehr unterschiedlich sind. Dies wird auch durch den relativ großen Gini-Koeffizienten von 0,608 verdeutlicht.

6.6.D **a)** Die Werte werden zunächst der Größe nach geordnet (für die Konzentrationskurve zuerst die größten). Dann werden die a_i und die CR_h berechnet:

i	1	2	3	4	5	6
a_i	0,5	0,2	0,2	0,1	0	0
CR_h	0,5	0,7	0,9	1	1	1

Somit ergibt sich für die Konzentrationskurve:

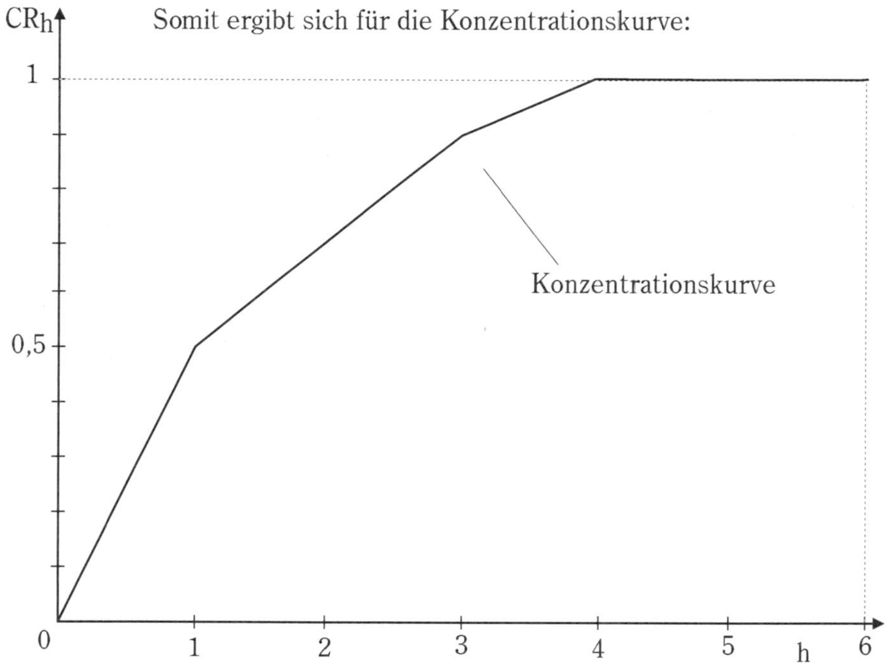

b) Für die Lorenzkurve müssen die a_i in aufsteigender Reihenfolge addiert werden:

a_i	0	0	0,1	0,2	0,2	0,5
y_i	0	0	0,1	0,3	0,5	1
z_i	1/6	2/6	3/6	4/6	5/6	6/6

Somit ergibt sich für die Lorenzkurve:

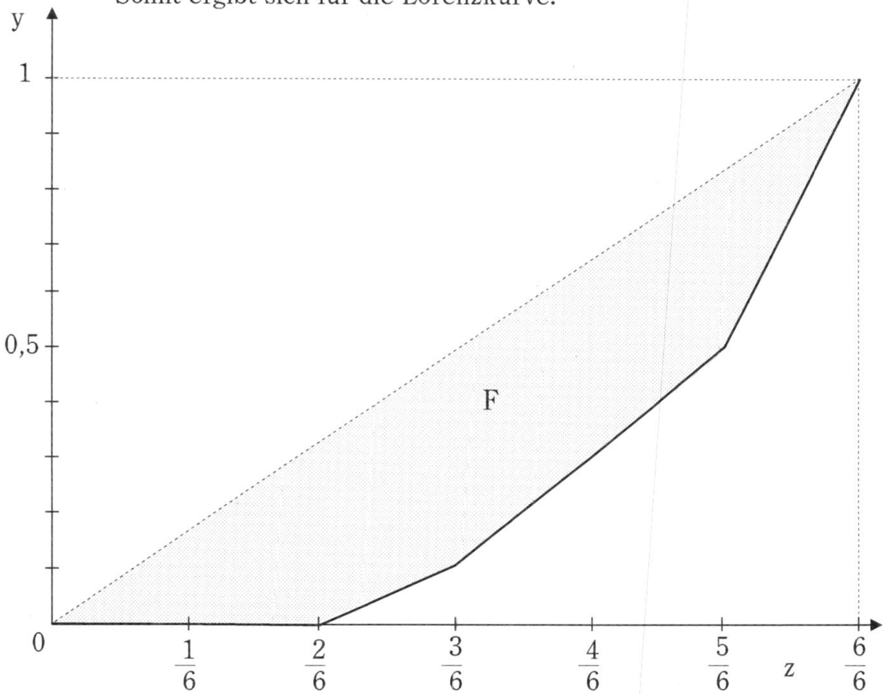

c) Für den Gini-Koeffizienten ergibt sich:

$$G = 1 - \frac{1}{n} * \sum_{i=1}^{n} (y_{i-1} + y_i)$$

$\Rightarrow G = 0{,}53$

d) Für den Herfindahl-Index gilt:

$$H = \sum_{i=1}^{n} a_i^2$$

Da a_1 und a_2 beide Null sind, ändert sich der Herfindahl-Index nicht, wenn die Studenten 1 und 6 nicht mehr mitmachen (für den Wert der Summe ist es egal, ob 2 mal 0^2 addiert wird). Es ergibt sich also jeweils der gleiche Herfindahl-Index. Dieses Ergebnis macht deutlich, dass der Herfindahl-Index neben der relativen Konzentration (diese sinkt, wenn die beiden Studenten nicht mehr mitmachen) auch die absolute Konzentration (diese steigt, wenn die beiden aussteigen) misst.

7 Schemablätter

In den nachfolgenden Schemablättern sind die wichtigsten Formeln für die behandelten Gebiete zusammengestellt. Es wurden auch Zusammenhänge dargestellt, die sich sehr leicht herleiten lassen (z. B. gekürzte und ungekürzte Formel für die Indizes). Man sollte also keinesfalls die Formeln alle auswendig lernen. Anhand der Formeln lassen sich aber gut die Analogien zwischen Laspeyres- und Paasche-Indizes, Preis- und Mengenindizes usw. erkennen. Bei Hausaufgaben und Open-book-Klausuren lassen sich die Formeln natürlich auch gut nutzen.

7.1 Indizes

7.1.1 Messzahlen

$$\text{Preismesszahl} = \frac{P_1}{P_0} \qquad \text{Mengenmesszahl} = \frac{Q_1}{Q_0}$$

$$\text{Messzahl des Arbeitseinsatzes} = \frac{a_1}{a_0} \qquad a = \text{Arbeitseinsatz}$$

7.1.2 Laspeyres-Index

$$L^P_{01} = \frac{\sum p_{1i}\, q_{0i}}{\sum p_{0i}\, q_{0i}} = \frac{\sum \frac{p_{1i}}{p_{0i}}\, p_{0i}\, q_{0i}}{\sum p_{0i}\, q_{0i}} = \frac{1}{P^P_{10}} = \frac{U_{01}}{P^Q_{01}}$$

$$L^P_{10} = \frac{\sum p_{0i}\, q_{1i}}{\sum p_{1i}\, q_{1i}} = \frac{\sum \frac{p_{0i}}{p_{1i}}\, p_{1i}\, q_{1i}}{\sum p_{1i}\, q_{1i}} = \frac{1}{P^P_{01}} = \frac{U_{10}}{P^Q_{10}}$$

$$L^P_{0n} = \frac{\sum p_{ni}\, q_{0i}}{\sum p_{0i}\, q_{0i}} = \frac{\sum \frac{p_{ni}}{p_{0i}}\, p_{0i}\, q_{0i}}{\sum p_{0i}\, q_{0i}} = \frac{1}{P^P_{n0}} = \frac{U_{0n}}{P^Q_{0n}}$$

$$L^{P\,ges}_{01} = \frac{\sum_j L^{P\,j}_{01} * \left(\sum_i p_{0i} q_{0i}\right)^j}{\sum_j \left(\sum_i p_{0i} q_{0i}\right)^j}$$

$$L^{Q}_{01} = \frac{\sum q_{1i}\, p_{0i}}{\sum q_{0i}\, p_{0i}} = \frac{\sum \frac{q_{1i}}{q_{0i}}\, q_{0i}\, p_{0i}}{\sum q_{0i}\, p_{0i}} = \frac{1}{P^{Q}_{10}} = \frac{U_{01}}{P^{P}_{01}}$$

$$L^{Q}_{10} = \frac{\sum q_{0i}\, p_{1i}}{\sum q_{1i}\, p_{1i}} = \frac{\sum \frac{q_{0i}}{q_{1i}}\, q_{1i}\, p_{1i}}{\sum q_{1i}\, p_{1i}} = \frac{1}{P^{Q}_{01}} = \frac{U_{10}}{P^{P}_{10}}$$

Mengenindex-Laspeyres:

$$L^{Q\,ges}_{01} = \frac{\sum_j L^{Q^j}_{01} * (\sum_i p_{0i}q_{0i})^j}{\sum_j (\sum_i p_{0i}q_{0i})^j} = \sum_j L^{Q^j}_{01} * G^j_0$$

ohne G^j

$LP_{01} = LP_{01,1} \cdot \frac{LP_{01,2}}{100}$

7.1.3 Paasche-Index

$$P^{P}_{01} = \frac{\sum p_{1i}\, q_{1i}}{\sum p_{0i}\, q_{1i}} = \frac{\sum p_{1i}\, q_{1i}}{\sum \frac{p_{0i}}{p_{1i}}\, p_{1i}\, q_{1i}} = \frac{\sum p_{1i}\, q_{1i}}{\sum \frac{1}{\frac{p_{1i}}{p_{0i}}}\, p_{1i}\, q_{1i}} = \frac{1}{L^{P}_{10}} = \frac{U_{01}}{L^{Q}_{01}}$$

$$P^{P}_{10} = \frac{\sum p_{0i}\, q_{0i}}{\sum p_{1i}\, q_{0i}} = \frac{\sum p_{0i}\, q_{0i}}{\sum \frac{p_{1i}}{p_{0i}}\, p_{0i}\, q_{0i}} = \frac{1}{L^{P}_{01}}$$

$$P^{Q}_{01} = \frac{\sum q_{1i}\, p_{1i}}{\sum q_{0i}\, p_{1i}} = \frac{\sum q_{1i}\, p_{1i}}{\sum \frac{q_{0i}}{q_{1i}}\, q_{1i}\, p_{1i}} = \frac{\sum q_{1i}\, p_{1i}}{\sum \frac{1}{\frac{q_{1i}}{q_{0i}}}\, q_{1i}\, p_{1i}} = \frac{1}{L^{Q}_{10}} = \frac{U_{01}}{L^{P}_{01}}$$

$$P^{Q}_{10} = \frac{\sum q_{0i}\, p_{0i}}{\sum q_{1i}\, p_{0i}} = \frac{1}{L^{Q}_{01}}$$

Preisindex-Paasche

$$P^{P\,ges}_{2000,2005} = \sum_j P^{P}_{2000,2005} \cdot G^j_{2005}$$

$$P^{Q\,ges}_{01} = \frac{\sum_j \left(\sum_i p_{1i} q_{1i}\right)^j}{\sum_j \frac{1}{P^{Q^j}_{01}} \left(\sum_i p_{1i} q_{1i}\right)^j}$$

7.1.4 Fisher-Index

$$F^P_{01} = \sqrt{L^P_{01} * P^P_{01}} = \frac{1}{F^P_{10}} = \frac{U_{01}}{F^Q_{01}}$$

$$F^P_{10} = \sqrt{L^P_{10} * P^P_{10}} = \frac{1}{F^P_{01}} = \frac{U_{10}}{F^Q_{10}}$$

$$F^Q_{01} = \sqrt{L^Q_{01} * P^Q_{01}} = \frac{1}{F^Q_{10}} = \frac{U_{01}}{F^P_{01}}$$

$$F^Q_{10} = \sqrt{L^Q_{10} * P^Q_{10}} = \frac{1}{F^Q_{01}} = \frac{U_{10}}{F^P_{10}}$$

7.1.5 Umsatz-Index

$$U_{01} = \frac{\sum p_{1i}\, q_{1i}}{\sum p_{0i}\, q_{0i}} = \frac{U_1}{U_0} = F^P_{01} * F^Q_{01} = P^P_{01} * L^Q_{01} = L^P_{01} * P^Q_{01} = \frac{1}{U_{10}}$$

$$U_{10} = \frac{\sum p_{0i}\, q_{0i}}{\sum p_{1i}\, q_{1i}} = \frac{U_0}{U_1} = F^P_{10} * F^Q_{10} = P^P_{10} * L^Q_{10} = L^P_{10} * P^Q_{10} = \frac{1}{U_{01}}$$

7.1.6 Umbasieren

Sollen Indizes für verschiedene Perioden miteinander verknüpft werden, so können diese miteinander multipliziert werden. Allerdings entsteht auf diese Weise **kein** neuer Index des gleichen Typs, denn keiner der Indizes erfüllt die Rundprobe (Ausnahme: Umsatzindizes).

$$P_{01} * P_{12} = P_{02}$$

7.1.7 Differenz

$$D_{01} = L^{Q}_{01} * (P^{P}_{01} - L^{P}_{01})$$

Wenn diese Differenz positiv ist, so ist der Paasche-Preisindex größer als der Laspeyres-Preisindex und umgekehrt.

Es lässt sich zeigen, dass D_{01} gerade eine gewichtete Kovarianz der Preis- und Mengenmessziffern ist.

7.1.8 Deflationierung

Die realen, preisbereinigten Größen ergeben sich, indem der Umsatzindex durch den Preisindex geteilt wird:

$$P^{Q}_{01} = \frac{U_{01}}{L^{P}_{01}} \quad \text{bzw.} \quad L^{Q}_{01} = \frac{U_{01}}{P^{P}_{01}}$$

Wenn mit einem Laspeyres-Preisindex deflationiert wird, ergibt sich somit ein Paasche-Mengenindex und umgekehrt.

7.1.9 Kaufkraftparitäten

Bei den Verbrauchergeldparitäten (Kaufkraftparitäten) in der amtlichen Statistik fungiert das Ausland als Basisland:

$$L^{P}_{AD} = \frac{\sum p_{Di}\, q_{Ai}}{\sum p_{Ai}\, q_{Ai}} \quad \text{ausländisches Schema}$$

$$P^{P}_{AD} = \frac{\sum p_{Di}\, q_{Di}}{\sum p_{Ai}\, q_{Di}} \quad \text{deutsches Schema}$$

Für Vergleiche müssen diese Ausdrücke durch Division bzw. Multiplikation mit dem Wechselkurs dimensionslos gemacht werden.

7.2 Proben

In den schwarzen Kästchen ist jeweils angegeben, welche Indizes [Laspeyres- (L), Paasche- (P) Fisher- (F) und Umsatzindizes (U)] die jeweilige Probe erfüllen.

Proportionalitäts-Probe:

L P F U

wenn alle Preis-Messzahlen den gleichen Wert haben, also beipielsweise alle Preise um gleich viel gestiegen sind, so soll der Index diesem Wert entsprechen.

Identitäts-Probe:

L P F U

Wenn Basis und Berichtsperiode identisch sind, so soll der Index den Wert 1 liefern.

Dimensionswechselprobe:

L P F U

Wenn man die Dimension (Einheiten) ändert, so soll sich der Index nicht verändern.

Zeitumkehrprobe:

~~L~~ ~~P~~ F U

Index und "zeitumgekehrter Index" sollen sich gegenseitig aufheben:

$$P_{01} * P_{10} = 1 \Leftrightarrow P_{01} = \frac{1}{P_{10}}$$

bzw. $Q_{01} * Q_{10} = 1$

Faktorumkehrprobe:

~~L~~ ~~P~~ F

Der Umsatzindex soll sich als Produkt aus dem jeweiligen Mengen- und Preisindex ergeben
(nachfolgend für Fisher-Indizes dargestellt):

$$F^P_{0t} * F^Q_{0t} = U_{0t}$$

Rundprobe:

~~L~~ ~~P~~ ~~F~~ U

Der Index für eine Periode soll sich als Produkt von Indizes für die einzelnen Perioden ergeben:

$$P_{02} = P_{01} * P_{12} \Leftrightarrow \frac{P_{02}}{P_{01}} = * P_{12}$$

Fisherprobe: Proportionalitäts-, Identitäts-, Dimensionswechsel-, Zeitumkehr- und Faktorumkehrprobe werden zusammen auch Fisherprobe genannt (der Fisher-Index erfüllt all diese Proben).

7.3 Arbeitsproduktivitäts-Index

Messzahl des Arbeitseinsatzes: $\frac{a_t}{a_0}$ a = Arbeitseinsatz

Arbeitsproduktivität in der Periode t: $\frac{Q_t}{a_t}$

Arbeitsproduktivitäts-Index:

$$AP_{0t} = \frac{L^Q_{0t} \text{ (Index der Nettoproduktion)}}{\frac{a_t}{a_0} \text{ (Messzahl des Arbeitseinsatzes)}}$$

Arbeitsproduktivitäts-Index (gebildet aus Teilindizes):

- nicht strukturbereinigt

$$AP^{ges}_{0t} = \frac{L^{Q^{ges}}_{0t}}{\frac{a_t}{a_0}} = \frac{\sum_j L^{Q^j}_{01} * G^j_0}{\frac{a_t}{a_0}}$$

- strukturbereinigt

$$AP^{ges}_{0t} = \sum_j AP^j_{0t} * G^j_0$$

$$\text{mit } AP^j_{0t} = \frac{L^{Q^j}_{0t}}{\frac{a_t^j}{a_0^j}}$$

Index der Nettoproduktion:

$$L^{Q^{ges}}_{01} = \frac{\sum_j L^{Q^j}_{01} * (\sum_i p_{0i} q_{0i})^j}{\sum_j (\sum_i p_{0i} q_{0i})^j} = \sum_j L^{Q^j}_{01} * G^j_0$$

7.4 Konzentration

Absolute Konzentration: bezieht sich auf die Anzahl der Wirtschaftssubjekte, die an etwas teilhaben.

Relative Konzentration: bezieht sich auf die Aufteilung unter den Wirtschaftssubjekten, die an etwas teilhaben.

Konzentrationsrate der Ordnung h: gibt an, welchen Anteil die h gößten Wirtschaftssubjekte an etwas haben,

$$CR_h = \sum_{i=1}^{h} a_i$$

wobei die a_i den Anteil des jeweiligen Wirtschaftssubjekts angibt und die Werte so geordnet sind, dass a_1 gerade den größten auftretenden Anteil darstellt.

Konzentrationskurve: Die Konzentrationskurve ergibt sich, indem in einem Diagramm die einzelnen Konzentrationsraten entsprechend der folgenden Darstellung abgetragen werden:

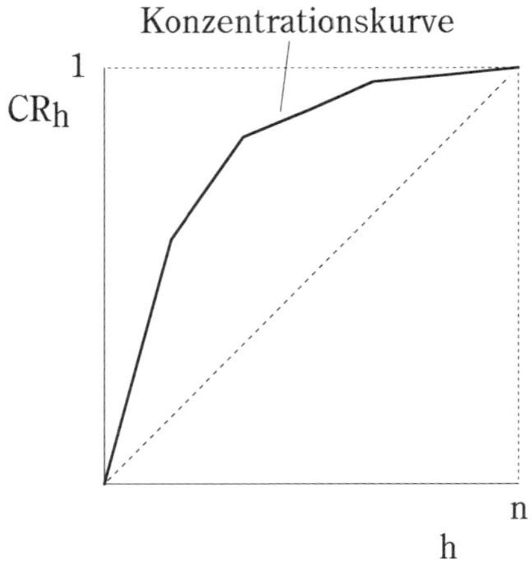

Lorenzkurve

Nebenstehend ist eine Lorenzkurve abgebildet. Auf der waagerechten Achse werden die kumulierten Anteilswerte der Wirtschaftssubjekte (z_i) abgetragen. Auf der senkrechten Achse werden die kumulierten Anteile der jeweiligen Wirtschaftssubjekte an dem betrachteten Merkmal ($y_i = \sum_{j=1}^{i} a_j$; z. B. Einkommensanteile oder Marktanteile) abgetragen. Die Summation der a_j beginnt mit dem kleinsten a_j.

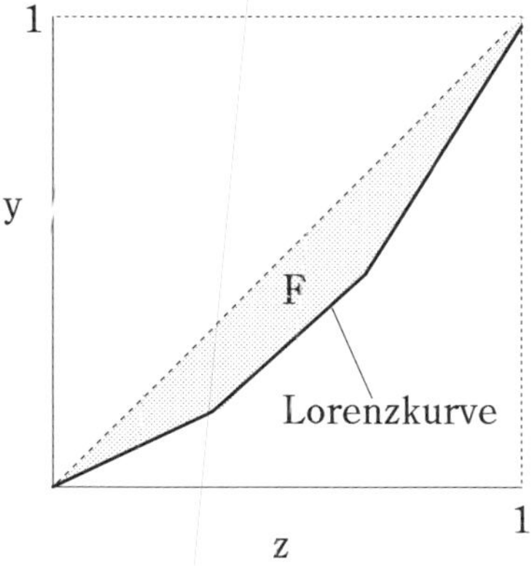

Gini-Koeffizient

Der Gini-Koeffizient ist ein Maß für die relative Konzentration. In dem Lorenzkurvendiagramm ergibt sich der Gini-Koeffizient als das Zweifache der Fläche zwischen der Diagonalen und der Lorenzkurve:

$$G = 2 * F$$

Formeln:

G (mittels der y_i) $$G = 1 - \frac{1}{n} * \sum_{i=1}^{n} (y_{i-1} + y_i)$$

G (mittels der a_i) $$G = \frac{1}{n} * [\, 2 * \sum_{i=1}^{n} (i * a_i) - (n + 1)\,]$$

G (für gruppiertes Material) (Häufigkeitstabellen) $$G = 1 - \sum_{j=1}^{n} (y_{j-1} + y_j) * \frac{n_j}{n}$$

Wertebereich für G:

$$0 \leqq G \leqq 1 - \frac{1}{n}$$

Bedeutung:	$G = 0$	Parität
	$G = 1 - \frac{1}{n}$	vollkommene Disparität

Herfindahl-Hirschman-Koeffizient

Der Koeffizient (auch Herfindahl-Index genannt) ergibt sich als Summe der Quadrate der Anteilswerte:

$$H = \sum_{i=1}^{n} a_i^2$$

Wertebereich: Der Herfindahl-Hirschman-Koeffizient nimmt Werte zwischen $\frac{1}{n}$ (Parität) und **1** (Disparität) an.

Äquivalenzzahl: $N_H = \frac{1}{H}$

Die Äquivalenzzahl gibt an, wie groß n bei Parität sein müsste, damit sich der gleiche Wert für den Herfindahl-Hirschman-Koeffizienten ergibt.

Variationskoeffizient: $V = \frac{s}{\bar{x}}$

H (mittels des Variationskoeffizienten) $H = \frac{1}{n} * (V^2 + 1)$

Variationskoeffizient: (mittels H ausgedrückt) $V = \sqrt{n * H - 1}$

Stichwortverzeichnis